# 栄東中学・高等学校

〒337-0054 埼玉県さいたま市見沼区砂町2-77（JR東大宮駅西口 徒歩８分）
◆アドミッションセンター TEL：048-666-9200 FAX：048-652-5811

## 特色ある英語教育

国際社会で使える英語力を身につけ、世界を舞台に活躍できる人材育てています。今年度より和洋ラウンドシステムを導入し、子供が母国語を習得するプロセスに基づいた"くりかえし"で4技能をバランスよく伸ばしていきます。

また、10人以下の少人数で学ぶ英会話では、英語を話すことだけでくプレゼンテーションの方法も教えています。冬休みにはオーストラリア姉妹校の教師による英語研修合宿を用意しています。

## 実験・観察を重視した理科教育

理科の授業は週4時間。「実体験から学ぶ科学」を掲げ、3年間で100項目の実験・観察を取り入れています。五感を使った体験型授業を展開し、身の回りの自然科学への理解を深めています。

1・2年生では液体窒素を使った状態変化の実験やブタの心臓の観察など本校独自の内容を取り入れ、理科への興味・関心を高め、3年生では課題研究に取り組むことで、自然科学への探求方法を学習し、科学的思考や応用力を養います。

### 学校説明会

11月11日(土)
12月 9日(土) 10:30～
1月 6日(土) 14:00～

※開催日によって、会場・内容が異なります。詳細はHPをご覧ください。

### ◆ 入試日程

● 推薦入試 12/1 基礎学力テスト型 英語リスニング型

● 一般入試
- 第1回 1/20 2・4科目型 英語＋2科目型
- 第2回 1/24 2・4科目型 2＋1科目選択型 適性検査型
- 第3回 2/6 2・4科目型

平成29年度
中学・高校・大学総合キャンパス完成

# 和洋国府台女子中学校

〒272-8533 千葉県市川市国府台 2-3-1 TEL.047-371-1120

## 準備は前日までに

# 試験当日の持ちもの

1 **受験票**

他校とまちがえないように、1校ずつクリアファイルに入れておきます。

2 **筆記用具**

鉛筆は転がらないように、輪ゴムでまとめておきましょう。

3 **消しゴム**

重要なのは消しやすさ。固すぎると、解答用紙を破ってしまうことも。

**もし、試験当日に忘れものをしてしまったら大変！　当日の朝はなにかとあわただしいので、持ちものの準備は前日までに終わらせておきたいものです。**

**ここでは、準備する際のポイントとともに、代表的な持ちものを紹介します。ただし、筆記用具以外の持ちこみを禁止している学校もあるので、よく確認してくださいね。それでは準備スタートです。**

**❶受験票**　持ち運びの際に折れたり汚れたりしないようにクリアファイルに入れておきましょう。忘れてはならない大切なものですが、万が一忘れてしまった場合は、受付で事情を説明しましょう。試験を受けられないということはありませんので、まずは落ちついてください。

**❷筆記用具**　HBの鉛筆を6〜8本持っていきます。鉛筆削りもあるといいですね。シャープペンシルを使用する場合は2〜3本、替え芯も準備します。

**❸消しゴム**　予備も含め、2〜3個あると安心です。消しやすい良質なものを選びましょう。消しくずがまとまるタイプは机の上が散らからないのでおすすめです。

**❹上ばき**　いつも学校で使用してい

## 4 上ばき

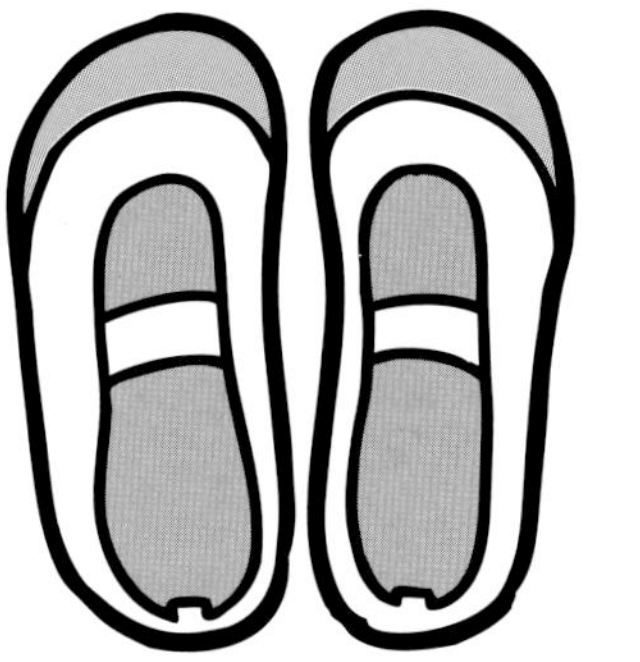

ふだん使っているものを、事前に洗ってきれいにしておきましょう。

## 5 腕時計

アラーム機能がついている場合は、かならずオフに！

## 6 三角定規・コンパス

持ちものとして指定があった場合は忘れずに持っていきましょう。

## 7 お弁当

お子さんが食べきれる量、そしておかずは消化のいいものを用意します。

## 8 飲みもの

身体が温まるホット麦茶や蜂蜜入りレモン湯などがおすすめです。

## 9 ハンカチ・タオル

新品の場合は、一度洗濯して、水分の吸収をよくしておきます。

るもので大丈夫です。スリッパは避けた方がいいでしょう。

❺**腕時計**　計算機能がついていないものを選びます。当日止まっていることのないようにあらかじめ電池を確認しておきましょう。学校によっては持ちこみ不可の場合もありますので、注意してください。

❻**三角定規・コンパス**　学校から指示があった場合に持っていきます。持ちこみが禁止されている場合もあるので事前に確認しておきましょう。分度器は持ちこめません。

❼**お弁当**　お昼をはさんで、午後にも試験や面接がある場合に必要です。当日は緊張してあまり食欲がないことも考えられますので、お子さんの好きなおかずを入れたり、食べやすいひと口サイズにするといった工夫を。おかずは汁のでないものを用意しましょう。

❽**飲みもの**　緊張をほぐし、リラックスできる温かい飲みものがおすすめです。保温性が高く、カバンにも入れやすい小型のマグボトルに入れて持っていきましょう。

❾**ハンカチ・タオル**　トイレで手を洗ったときや雨や雪で洋服や持ちものが濡れてしまったときに使います。

## 10 ティッシュペーパー

鼻をかんだり、消しゴムのカスを捨てるときに使います。

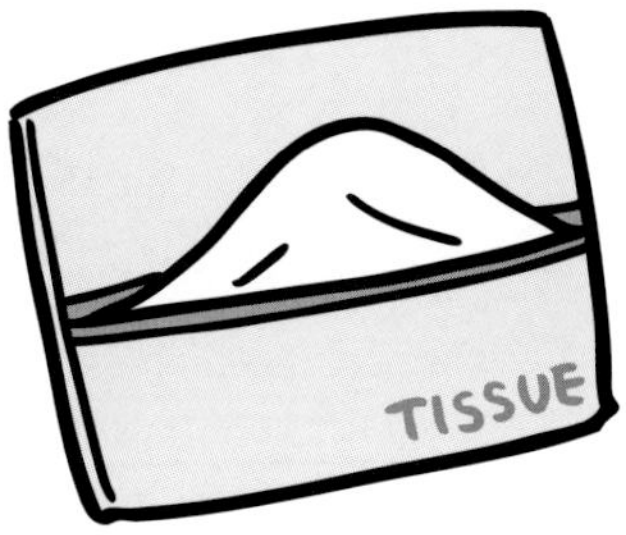


## 11 ブラシ・手鏡

面接がある場合は、その前に使って身だしなみを整えましょう。

## 12 大きめのカバン

すべての荷物を入れられる大きさが便利。口が閉じられると◎。

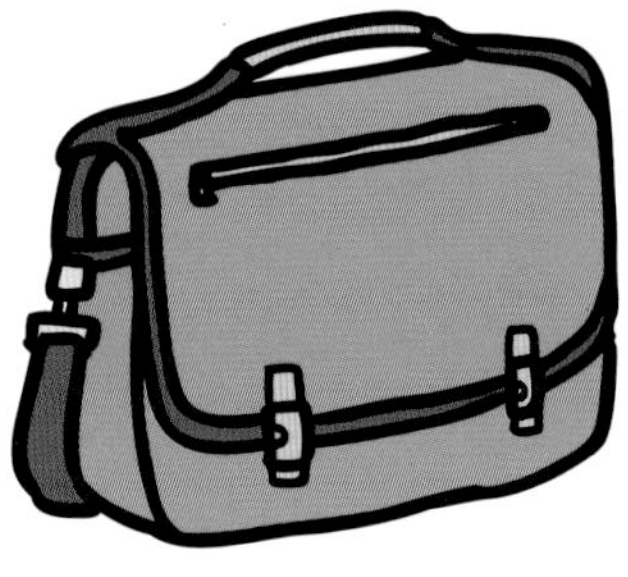

## 13 メモ帳

当日のスケジュールや合格発表日を書いておきましょう。

## 14 交通機関のプリペイドカード

改札をスムーズにとおれるのでおすすめ（交通機関によっては使えない場合もあります）。

## 15 携帯電話

音がでてまわりの迷惑にならないように、マナーモードに設定を!

**⑩ティッシュペーパー**　身だしなみとして持っておきましょう。

**⑪ブラシ・手鏡**　面接の前に使います。洋服のホコリを取る小さなエチケットブラシもあると便利です。

**⑫大きめのカバン**　大きいサイズであれば、マフラーや手袋も入るのでおすすめです。口を閉じられるタイプのものだと中身が飛びでたり、雨や雪で中身が濡れたりする心配もないので安心です。

**⑬メモ帳**　保護者の控え室では、科目ごとに問題と解答がしめされることも多いので、あると重宝します。筆記用具も忘れずに。

**⑭交通機関のプリペイドカード**　券売機に並ぶ必要がなく、切符よりも割安なことが多いのでおすすめです。事前のチャージをお忘れなく!

**⑮携帯電話**　受験生が試験会場に持ちこむのではなく、保護者が持ちます。マナーモードに設定し、緊急連絡の際に使います。

**⑯お金**　指定文房具を忘れてしまった場合の買いものや交通費に使います。交通費は、プリペイドカードが使えない場合に備え、小銭を用意しておきましょう。

**⑰カイロ**　携帯用カイロは手軽に温まることができるのでおすすめで

## 16 お金

交通費用に、小銭も用意しておくようにしましょう。

## 17 カイロ

低温やけどをしないためにも、カイロケースに入れて使うと◎。

## 18 雨具

傘だけでなく、防水性の靴やレインコートもあると安心です。

## 19 替えソックス

雨や雪で濡れてしまったときに履き替えます。備えあれば憂いなし！

す。貼るタイプのものや足裏用など種類もたくさんありますので、用途によって使い分けましょう。

**⑱雨具**　雨や雪が降ったときのために、雨具も準備します。濡れたものを入れるビニール袋もあると◎。

**⑲替えソックス**　雨や雪で靴下が濡れてしまうことも考えられます。濡れたままでは、試験にも集中できないばかりか、風邪をひくことにもなりかねません。

### そのほかにあると便利なもの

**学校案内や願書のコピー**　面接がある場合は参考に持っていきます。

**参考書**　緊張して落ちつかない場合は、見てみるのもいいでしょう。

**のどあめ・トローチ**　緊張すると口が渇いてしまうこともあります。喉が痛いときもあると重宝します。

**マスク**　風邪予防のためにも、移動時にはかならずつけましょう。

**お守り**　実力を発揮して、これまでの努力が実りますように！

いかがでしたか。準備はできましたか。75ページの「持ちものチェックリスト」も参考にして、忘れものがないようにしましょう。

# 世界の隣人と共に生きる グローバル教育！

キリスト教の信仰に基づく教育によって　神の前に誠実に生き　真理を追い求め
愛と奉仕の精神をもって　社会に　世界に対して　自らの使命を果たす　人間の育成を目指します

## 学校説明会 予約不要（ご希望の方には、施設をご案内します）

**11/25**[土]★ 9:00~12:00　**12/16**[土] 10:30~12:00

★11/25の学校説明会では、入試問題体験会（右記参照）を実施します。
※上履きの持参をお願いします。

## 入試問題体験会［要web予約］

**11/25**[土] 9:00~12:00　小学6年生限定

2科目型（国・算）・4科目型（国・算・理・社）・適性検査型（Ⅰ・Ⅱ）のいずれかを選択してください。

## ナイト相談会 予約不要

**1/10**[水] 19:00~20:00　自家用車での乗り入れができます

## 土曜説明会［要web予約］

**1/13**[土] 10:00~11:30　**1/20**[土] 10:00~11:30　**1/27**[土] 10:00~11:30

**水曜ミニ説明会［要web予約］▶ 12月までの毎週水曜日 10:00~11:30**
※学校行事などで開催できない場合もありますので、必ずHPで確認して、予約をしてください

**2018年度入試TOPIC**
**2月1日午前入試**での
〈1次A・適性検査型〉
**特待生制度**を**拡充**
※受験者の上位30%に適用
詳細はHPをご覧ください

横須賀の地で青山学院を引き継ぐキリスト教教育

# 横須賀学院中学高等学校

6年一貫教育

〒238-8511 横須賀市稲岡町82番地
TEL.046-822-3218　FAX.046-828-3668
http://www.yokosukagakuin.ac.jp/

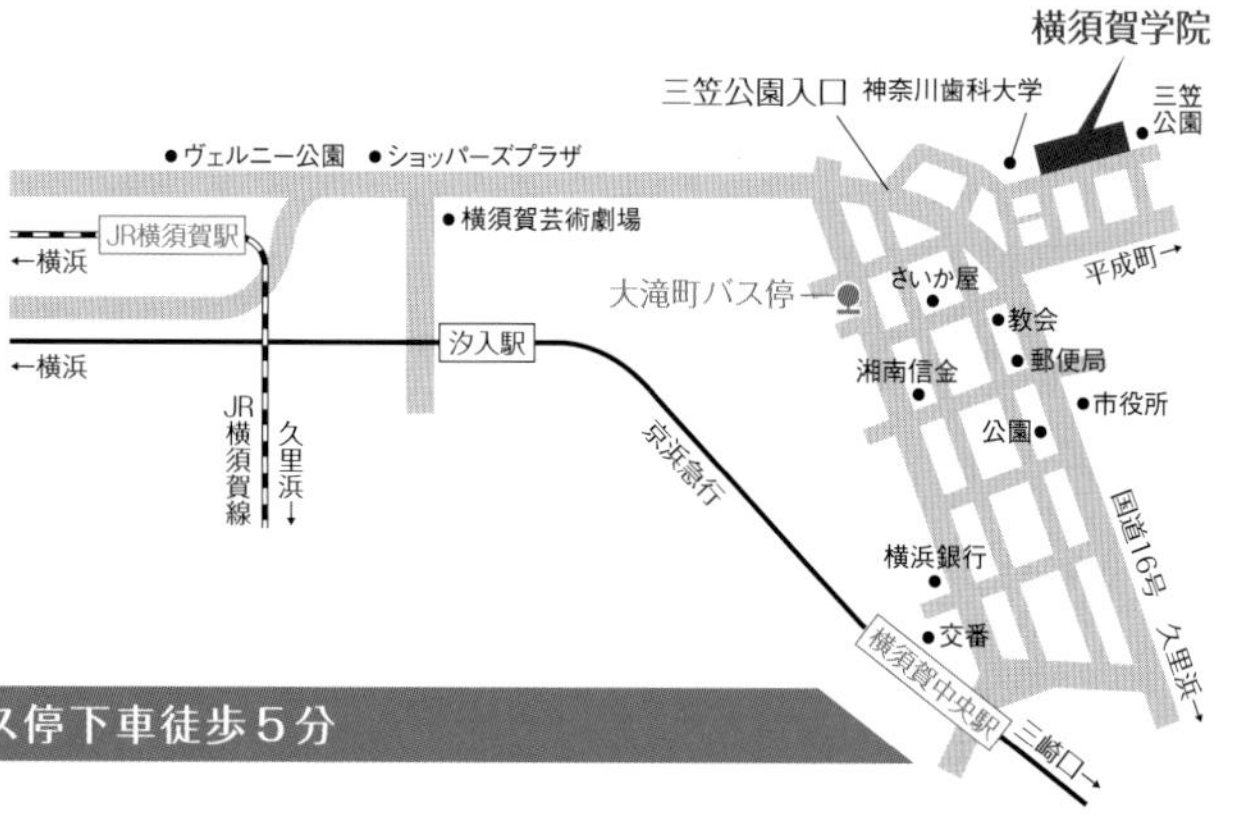


◆京急横須賀中央駅から徒歩10分　◆JR横須賀駅からバス5分 大滝町バス停下車徒歩5分

showa gakuin

# Shuei

SHOWA GAKUIN
SHUEI JUNIOR & SENIOR HIGH SCHOOL

## 昭和学院 秀英中学校・高等学校

〒261-0014 千葉市美浜区若葉1丁目2番 TEL:043-272-2481 FAX:043-272-4732

21 世 紀 を 支 え リ ー ド す る 人 間 へ

**平成30年度入試 学校説明会日程** 予約制

第4回 11/11 土
10:00～

●学校説明会への参加は予約が必要です。
●予約方法等の詳細は本校ホームページをご覧ください。

昭和学院秀英 検索

**平成 30 年度 入試日程** ※詳しい出願手続きや入試についての詳細は本校ホームページをご覧ください。

| | 第一回 | 午後特別入試 | 第二回 | 第三回 |
|---|---|---|---|---|
| 日程 | 12/1 金 | 1/20 土 | 1/22 月 | 2/2 金 |
| 募集 | 25名募集 | 20名募集 | 100名募集 | 約15名募集 |
| 試験科目 | 4科<br>1限:国語(50分) 2限:理科(40分)<br>3限:社会(40分) 4限:算数(50分) | 2科<br>1限:算数(60分)<br>2限:国語(40分) | 4科<br>1限:国語(50分) 2限:理科(40分)<br>3限:社会(40分) 4限:算数(50分) | |
| 合格発表 | 12/2 土 | 1/21 日 | 1/23 火 | 2/2 金 |

中学受験直前対策号

# 入試直前 必勝ガイド

## CONTENTS

EDUCATIONAL COLUMN

森上教育研究所所長
**森上　展安**

# 受験生動向から見える 2018年度中学入試の風向きはどちらへ

## 来春のトレンドとなっている大学附属校と共学校人気だが

**森上　展安**　*Nobuyasu Morigami*

「受験」をキーワードに幅広く教育問題をあつかう。とくに中学受験について永年のデータ蓄積があり、そこから導きだす分析をベースにした鋭い指摘に定評がある。近著に『偏差値だけではわからない 塾も学校も教えてくれない 入って得する人気校の選び方—中学受験白書2011 首都圏＋全国480校』（ダイヤモンド社）などがある。

### 大学入試改革に支えられる附属校人気だが進学校は？

ここにきて大学附属校と共学校の人気が、いよいよ鮮明になってきました。なぜ附属や共学が人気なのか。それはそのまま両方の属性を持たない進学別学校（進学校である男子校、女子校）の不人気の要因を意味します。附属人気、共学人気に、内部要因と外部要因があると仮定して、それが進学別学校に欠けていることなのか、少し検証してみましょう。

附属人気の内部要因には、まず高大連携が本来あるべきですが、それよりも説明会などで強調されることは、大学進学まで受験のないことによる行事や教育内容の「ゆとり」です。受験を気にしないからこそできる、中学ないし高校ならではの内容の充実です。進路については、系列大学に進学しない生徒への支援も充実させていることだったりしますが。率直に言って新たに大きく変化するものはないと思います。

一方、外部要因ははっきりしていて、２０２０年からの大学入試改革で大学入試センター試験が変わり、東京大、京都大をはじめ多くの大学がＡＯ入試をより積極化します。

また、私大の23区内にある定員が厳格化される一方、系列校からの入学枠は維持されます。つまり、有名系列大の附属校は大学入試の負の影響を被らないので稀少性が増すのです。

ではこれは附属の反対属性である進学校にとって不利なのでしょうか？　じつは、このさき非常に明確な事実といえる少子化で、大学、高校の側は、増加するＡＯ入試で生徒に入ってもらわなければ、一般入試だけではジリ貧になります。

つまり進学校にとっては、増大するＡＯ入試対策のいかんが問われるのですが、「増大する」波に乗れるのかどうかこそが問題です。もしこの波に乗れるのであれば伸び率を確保し、進学校にとってアピールできるポイントが稼げることになります。逆に一般入試は相対的には減少方向ですから、同じ質を保っていても減少していくことは避けられません。まして少子化ですから、生徒数を維持していくこともなかなかむずかしいでしょう。

つまり進学校にとって大学入試改革に沿った学校改革ができているかどうか、それがポイントです。

大学入試改革が進学校に不利とい

うことではなく、あくまで大学入試改革そのものは中立的です。改革のあり方とこれに対する進学校のスタンスがはっきりすれば見通しは立つでしょう。ですが、この「見通し」がいまは立たないのです。

　立つには時間が必要でしょうから、当初は一般入試の実績でみるほかはなく、これがパイが減少していくぶんだけ見え方が悪くなります。

　つまり当面、進学校にとって外部要因で実績が下がるぶんを、内部要因としてのＡＯ入試対応でいかに盛り返せるか、がポイントになります。つまり、なにか積極姿勢を見せないことにはポイントにはならない点が、進学校には厳しい状勢です。

## 共学校人気の陰に隠れがちな男子校、女子校もよく見たい

　もうひとつの共学人気と別学校不人気について考えてみましょう。共学人気の外部要因は、最も大きなものとして昨年の法政二の共学化、今年の青山学院横浜英和の共学化というような有名附属の共学化がインパクトが大きいのですが、来春は八雲学園、文大杉並と進学校の共学化もあり、さらには広尾学園、三田国際学園、宝仙学園理数インター、東京都市大等々力などといった共学化リニューアル校の進学実績の伸びも印象的ですから、共学に風が吹いている面があります。

　内部要因としては、こうした共学校に代表される変化対応力に対する期待を感じます。ＡＩ時代に代表される大きな変化にどのような教育がよいのか。保護者は学校の変化に期待している面があります。共学そのものより「共学化」でその変化を訴求しやすい、というべきでしょうか。

　これに対して別学は不利になる外部要因があるでしょうか。これもじつは大学入試が大きいですね。大学が教育課程を見直し、数学的な見方、考え方を身につけようとさせたり、課題を探究させたりと、女子にとって少し身がまえるような改革の方向が多いのです。男子校は改革の方向としてはとくに脅威となるものではありません。そもそも校数が少ない。

　外部要因でもうひとつ大きいことは兄弟姉妹が少ない家庭が多いことです。つまり異性に接する機会に乏しい。親としては、学校で、より社会的な体験をさせたいという心配が働くのではないでしょうか。

　さて、内部要因ですが、これは多くは「いじめ」です。女性同士の「いじめ」を小学生の間に経験して、女子校嫌いになっている場合も少なくありません。男子もいる共学なら男子をバッファ（緩衝装置）に使えるという考え方です。ただ、これを「女子校」だけに押しつけるのは不当で、共学校だってありうるのですが、そういう見方をされがちであるのは偽らざる事実です。

　以上、見てきたように、ここにきてのトレンドは附属、共学（化）という側にポイントが集まって、進学、別学の側は、パフォーマンスをしっかりしめさなければポイントにならない、というジレンマがあります。

　ただこのトレンドは女子に強い、ということもこれまで述べてきたことからご理解いただけるでしょう。男子にとって附属や共学が魅力的か、小学生の男子にとってはどうでしょう。とくにスロースターターのお子さまの場合、あとの伸びを考えると、進学別学校選択という動きも強くなることも自然です。

　それを念頭に見てみるとやはり男子校では、大きな人気の変化は少ないのですが、来春入試ではふたつ有名校に動きがあります。鎌倉学園が2月1日午前にも入試をする。巣鴨が4日にも入試をする。いずれも第1志望者にとって大変うれしい入試です。同時に、これまで同校を考えていなかった層も受験できます。

　女子校は、需要がもともと緩和しているところが多いのですが、以上の状勢から同じように緩和基調がつづくでしょう。一点、品川女子学院、大妻中野、文大杉並などに算数単科入試ができます。注目しています。

　共学校中心に多くなったのが帰国子女入試と並んで、適性検査型入試や英語選抜入試、思考力入試、プレゼン入試といった多様な入試です。

　これは多様な入学者を得たいということです。すなわち自らの強みをいかした入試に挑戦することができるということでもあります。

　受験勉強にかける時間は少なくてすむ入試ですから、保護者は塾などの準備費用も節約することができてうれしい入試です。

　さて、最後にこれから大学受験の一定程度を占めるようになるＡＯ入試で重視されるのは「課題研究」ということになります。本来は附属の高大連携の中核にあってしかるべきものでもあります。これからの教育内容のなかで大きなポイントですから、注目をし、学校選択の軸のひとつにされるとよいでしょう。

# 「直前期の最終チェック」

## 「やるべきこと」をしっかり整理

**中学受験本番が近づいてきました。そこへ向けた準備も多岐にわたります。『やるべきこと』を整理して、その日を迎えましょう。**

## Point 1 成功への第一歩は志望校選択にあり

### 悔いを残さず中学受験を走りぬけよう

中学受験において大切なことはいくつかあり、そのひとつが適切な志望校選びです。受験校をいかに選ぶかは、お子さまの中学受験の成否のカギを握る重要な要素なのです。

そもそも、受験生ご本人が「絶対にこの学校に入りたい」という思いを持っていれば、本命の志望校は決まっていることになります。それでも、一般的に受験するのが1校のみということはなく、併願校も含めて複数校の受験となるでしょう。

したがって、志望校を選ぶうえでは、第1志望校に加えて、併願校をどのように選ぶかも欠かせない視点になってきます。

### 入試日程や難易度などが考慮の材料

各ご家庭において、これまでもどの学校を受験するべきか、どんな学校に行きたいのか、といったお話はされてきたことでしょう。まだ決まっていないご家庭の場合、これからの期間は、これまでにでていた「希望校」のなかから、「実際に受験する学校」を選ぶ期間になります。

実際に受験する学校とは、言い換えれば、「合格したら入学する学校」ということです。まだ小学生の受験生にとって、最後までがんばりとおすためにも、受験の結果、自身がどうなっていくかをイメージできるかどうかが大切です。受験校を早めにきちんと決め、その学校で中高生活を送るようすを思い浮かべることができれば、それが合格への原動力にもなってきます。

学校選定に際しては、これまでに学校説明会などに参加されていることでしょうから、それらをつうじて得た情報も参考にしながら、ご本人ともよく話しあって決定していきましょう。

その際、それぞれの学校の入試日程、難易度なども考慮してください。受験したい学校が複数あったとしても、同一試験日であれば受験は不可能ですし、過去のデータから判断して、あまりに実力差がある学校ばかりを選択するのは危険です。これも当然のように聞こえるかもしれませんが、案外、見落としがちだったりします。

### 偏差値が絶対の基準ではないことを知る

学校選びの際に、多くの人が指標のひとつとするのが「偏差値」ですね。偏差値とは、一定のデータをもとに分析され数値化されている便利な数値です。しかし、あくまで入試における難易度を便宜的に数値で表

「やるべきこと」をしっかり整理

## 直前期の最終チェック

したものにすぎないため、「学校の評価」を数値化したものではないのです。

ですから、偏差値だけで学校を比較したり、少しでも偏差値の高い学校を選ぶことにこだわっても意味はないでしょう。それよりも、校風や雰囲気、学校行事、部活動、伝統、将来への展望など、さまざまな側面から学校を判断して、向いているかどうか、その学校で勉強したいかなどを考えてみるようにしましょう。偏差値は便利ではありますが、そうした判断基準のひとつだということを心に留めておいてください。

### 大学合格実績に現れているのは6年前に入学した生徒の実績

学校選びの要素として、とくに大学附属校ではない中高一貫の進学校の場合、大学合格実績はどうしても気になるところでしょう。中高6年間のあと、どのような進路を選ぶことができるかにつながるのですから、重視されるのは当然といえます。

その際に注意していただきたいのは、現在各校で公開されている大学合格実績は、6年前に入学した生徒たちの実績であるということです。その間に学校内容が大きく変容している場合がありますし、2020年度からの大学入試制度の大幅改革によって、そうした変化に対応して、制度や教育内容の整備を進めている学校もあります。ですから、合格実績の数だけにとらわれず、各校の「現在」の教育内容にも目を向けたいものです。

また、学校によっては、合格実績ではなく、実際の「進学者数」で発表している場合もあります。大学への実進学者数の場合、ひとりで1大学・学部のみですので、当然、合格者数で発表される場合より数は少なくなります。さらに、合格者数だけではなく、その学校の1学年の在籍者数も考慮してみましょう。定員の少ない小規模校の場合には、合格者数が少なくても、合格率で見ると非常に高いこともあります。

現役進学率を気にされるかたも多いのですが、単純に現役進学率が高い方がよいとも言いきれません。どういうことかというと、現役時に合格大学があったとしても、より高い志望を実現するため、その大学には進学せず、翌年、難関校にチャレンジする生徒が多い学校もあるからです。そうすると、どうしても現役進学率は低くなりがちなのです。

また、最近とくに人気の高い医学部医学科の合格実績を見る場合には、その内訳もしっかりと確認した方がよいでしょう。国立大学医学部合格者のなかには、私立大学医学部に同時に合格している事例も多く、その両者が合格者数としてカウントされているからです。

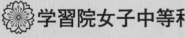

### 入学した学校が「第1志望校」

このようなかたちで学校を選び、そして受験するわけですが、残念ながら、なかにはご縁がない結果となってしまう学校もあることでしょう。受験倍率が2倍ならば、受験者の

半数は入学できないわけですから、併願校で合格を勝ち得ることができた学校に進学することになった場合でも、考え方として、その学校が「第1志望」であったととらえていきたいものです。

中学受験の最大のメリットは、多くの選択肢のなかから、お子さまやご家庭の教育方針に合う学校を選択できる点にあります。さまざまな要素を考慮して選択した志望校は、それぞれ異なった教育方針のもと、個性的な教育活動を展開している学校であることでしょう。

併願校として受験した学校に入学することになったとしても、「この学校が第1志望校だった」と考えて進学するのが、受験生にとって、その後のより充実した中高6年間を送ることにつながっていきます。

## Point 2 「直前期」のとらえ方

### 徐々に自覚が芽生えてくる

中学入試の日程が近づくにつれて、お子さまたちにも変化が表れてくることでしょう。これまでは、どちらかというとのんびりしていたようなお子さまも、少しずつ受験生としての自覚が芽生えてきます。

個人差はありますが、それぞれ中学受験にのぞむという気持ちが具体的になり、「最後までがんばろう」と、受験勉強にも前向きな姿勢で取り組むようになってきます。

こうした自覚が自然に生まれてくることも、中学受験のメリットのひとつといえるでしょう。もし、受験を考えなかったならば、小学生のうちに、このように積極的に勉強に取り組む姿勢がでてくることは、なかなかないのが一般的だからです。

これは勉強だけではなく、生活面での前向きな姿勢にもつながることでしょう。受験という厳しい現実に直面しつつも、貴重な経験をしているといえます。

### 「受験まであと○○日」を前向きにとらえよう

入試が近づくごとに、進学塾などでは「入試まで、あと○○日」などと貼りだされることがよくあります。1日ごとに数字が減っていくわけですが、この「○○日」を、「もう○○日しかない」ではなく、「あと○○日もある」とプラス思考でとらえるように、ぜひお子さまにアドバイスしてあげてください。

入試本番までの日数が少なくなったとはいえ、それぞれの時点においてやるべきことがあり、どのタイミングにおいても、合格のために役立つことはあります。焦らず、着実に必要なことを行いながら日々を送るようにしましょう。

そのためには、まず保護者のみなさまが残された日数を焦らず、落ちついて過ごしてしていくことが重要です。そうはいっても、入試の日が近づけば近づくほど、さまざまな不安を感じるのは仕方のないことです。しかし、心配だけしていても活路は開けません。いま、できることはなにか、そこを考えて、最後まで努力を積み重ねていきましょう。

### 大事なのは時間ではなく効率

これからの時期は、受験生もどんどん受験勉強に打ちこむようになってきます。少しの時間も惜しんで机に向かい、学習時間も長くなっていきますし、そうするとどうしても、夜遅くまで勉強する日々がつづくこともあるでしょう。

そんなとき、睡眠時間をきちんと確保できているかどうか、体力的に無理をしていないかどうかを、ご家庭で目配りしていただきたいと思います。

受験生としての自覚が生まれてきたがゆえに、お子さまがどうしても無理をしがちになるのは仕方がありません。その無理がたたって、体調を崩すようなことがあると、結果的にそれが余計な焦りの原因となり、さらに無理をする、という悪循環につながる場合も考えられます。お子さまが無理をしすぎないよう、うまくコントロールしてあげることが、保護者の重要な役割です。

大事なのは、学習時間の長さではなく、学習の密度であり効率です。時間は有限ですが、そのなかでどれだけ効率的に勉強を進めることができるかを意識していただきたいところです。

入試直前期は、これから新しい知識を獲得する「インプット」よりも、これまでに学んだ内容を必要に応じて使っていく「アウトプット」を重視した学習に力を入れた方が結果につながります。

短い時間でもかまいませんので、

「やるべきこと」をしっかり整理
## 直前期の最終チェック

集中して取り組み、密度を高くすることで、入試本番で得点できる力を培っていきましょう。

### プレッシャーを力に変えられるか

受験の厳しさは、かならず合格・不合格のどちらかしかないというところです。受験生はみな、合格に向かって懸命に努力していますが、その一方で、「自分は合格できるだろうか…」と不安に思うこともあるでしょう。

こうした不安は、受験生にさまざまなかたちでプレッシャーとなってのしかかってきます。そして、それは試験日が近づくにつれて、より大きなものになるでしょう。

受験勉強は、「これだけやったから大丈夫」と簡単に判断できるものではありません。むしろ、真剣に勉強しているからこそ、不安にもなり、プレッシャーも大きくなるものかもしれません。

まだ小学校6年生のお子さまが、そうしたプレッシャーを感じているのを最も近くで感じる保護者のみなさまにとっても、それは大変な時間となるでしょう。

だからこそ、ぜひ、その不安な気持ちでいるお子さまを支えてあげてください。受験生だけが不安になっているわけではないことを伝え、「その不安は、真剣に勉強しているからこそなんだよ」と励ましてあげてください。

そうしたサポートがあると感じられれば、プレッシャーから逃げることなく、真正面から向きあい、学力を伸ばす力に変えていくこともできるのではないでしょうか。

### 体調管理の大切さを忘れずに

家族のみなさまにとって、中学受験を乗り越えるにあたって最も重要なことは、受験生本人と全家族の体調をしっかりと管理することです。

受験直前期は寒さの厳しい冬ということもあって、風邪やインフルエンザなどに感染しやすい時期でもあります。受験生はもちろんですが、ご家族のみなさまも風邪をひいたりしないように気をつけましょう。

とくにインフルエンザは予防が第一ですので、インフルエンザの予防接種は、ご家族全員が受けておくとよいでしょう。また、風邪の予防には帰宅時における手洗い、うがいを励行することが大切です。家族全員の習慣にしていきたいものです（病気の予防については62ページからをご参照ください）。

また、歯の健康にも留意してください。なぜなら、虫歯だけは放置しておいて自然治癒することはないからです。いま、とくに異常がないように思えても、もし虫歯があって入試の直前に痛みだしたりすると、大きな負担になってしまいます。なるべく早めに時間を見つけ、歯科クリニックを訪れ、一度検診を受けておくと安心です。

その際、入試日程も歯科医師の先生にお伝えし、適切な治療をお願いするようにしましょう。

### スケジュールは家族全員で把握

中学受験の入試機会としては、併願校を含めると最小でも2回、平均的には4～5回の受験をすることになります。そのそれぞれについて出願日、出願方法は異なり、さらに事前面接がある学校もあります。

そうした日程を含め、受験校数が多ければ多いほど、スケジュールが錯綜してくることは避けられないため、入試日の付き添いや合格発表、入学手続きなど、細かなことも組みこんだ一覧表、いわば「合格カレンダー」を作成しておくと便利です。

これを用意しておき、家族全員で日程を共有するようにしましょう（「合格カレンダー」については、77ページからをご参照ください）。

## Point 3 「入試問題説明会」を有効活用

### 絶好の予行演習に

近年、多くの学校で、12月から1月にかけての入試直前期に「入試問題説明会」が実施されるようになりました。これは、各校の前年度入試問題を教材に、出題のポイントや注意事項について、各校の先生がたが受験本番の参考となる内容を具体的に解説してくれるイベントです。

さらに、多くの入試問題説明会では、実際に入試が行われる教室で、入試と同じ制限時間内で問題を解く機会を設けています。この「受験する学校で問題を解く」という経験は、模擬試験とはまたちがった臨場感を味わうことができ、入試の予行としては大きな意味のあるものです。

入試会場である学校までの交通手段・所要時間も「入試問題説明会」に参加することで実際に経験できるため、入試の際にも落ちついて会場入りする手助けとなるでしょう。

### すぐに解説を聞けるのもありがたいポイント

それだけではなく、問題を解いた直後に、出題した学校の先生から問題内容について詳しく解説を聞くことができます。なぜ、その問題がだされたのか、どのようなところでまちがった答案が多かったのかなどについても説明があるのです。

また、おおよその合格基準についても説明があるため、実際の合格レベルを理解することができます。

受験生が陥りやすい失点部分や、ケアレスミスを防ぐ方法、記述型や思考型解答における答えの書き方、部分点の与えられ方などを、具体的な問題から、実際に先生が解説してくれるのですから、合格点に向かって得点を積み重ねられる答案を作成するにあたって、参考になる点はとても多いことでしょう。

そして、副産物として、もし入学した場合に、どんな先生が、どんなふうに教えてくれるのかを体験できることにもつながります。それが「合格したい！」というモチベーションとして、プラスに働いたという受験生も実際にいるのです。

もし受験を検討している学校で、「入試問題説明会」（名称は学校によって異なることもあります）が開催されるようなら、忙しい時期ではありますが、時間をやりくりして、ぜひ参加することをおすすめします。

### 保護者にとっても有益な機会に

直前に行われる「入試問題説明会」は、保護者にとっても有益な学校訪問の機会となります。とくに、まだ志望校をしぼりこめていなかったり、迷っているような場合に、その有力な判断材料となるからです。

通常、受験生が問題を解いたり解説授業を受けている間を使って、保護者に対して学校説明があります。じゅうぶんに情報収集ができていないというときには、ここで学校内容を確認することができます。

さらに、学校によっては、その学校の校舎以外の施設を利用して入学試験を実施することがあります。寮施設のある学校の首都圏入試などの場合には、その会場確認も忘れずにしておくようにしましょう。

こうした別会場入試では、試験中に保護者が待機できる場所が用意されていなかったり、あっても入りきれないこともあります。会場付近の待機できる場所を、下見をつうじて探しておくと、当日に困りません。

### 入念にしておきたい入学手続きの準備

そして、こうした機会に確認しておきたいこととして、入学手続きがあります。学校によっては合格発表後、すぐに入学手続きをしなければならない場合があり、なかには発表当日や翌日までに指定の費用を納入して入学手続きをすませなければならないこともあります。

そうしたとき、学校の近くに金融機関があるかどうか、コンビニエンスストアなどのATM機が利用できるのかどうか下調べしておくと、いざというときに便利です。

また、設置されているとして、振り込み可能かどうか、その振り込み限度額についても調べておきたいところです。

各学校の手続きの際に、費用納入が銀行振り込み指定であるか、現金で学校窓口に納入するのかなどについても、事前にきちんと確かめておくとなおいいでしょう。

複数校を受験した場合、合格発表の日程はどうしてもお互いに近いことが多く、そのときになってあわててしまいがちです。

「合格カレンダー」などで、まちがいがないよう整理しておくようにしましょう。

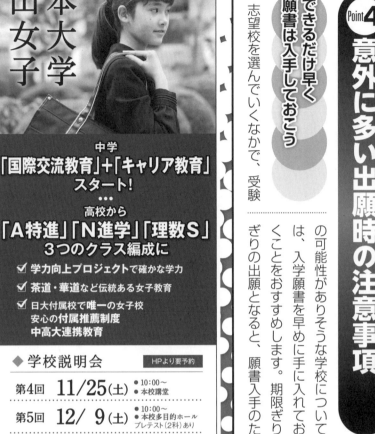

## Point 4 意外に多い出願時の注意事項

### できるだけ早く願書は入手しておこう

志望校を選んでいくなかで、受験の可能性がありそうな学校については、入学願書を早めに手に入れておくことをおすすめします。期限ぎりぎりの出願となると、願書入手のために動く時間のやりくりがむずかしくなったり、思わぬミスが起きる原因ともなりかねません。

学校説明会や各種学校行事などで学校を訪れた際に願書をもらっておくのもいいでしょう。また、各校のホームページに願書の配付方法について掲載されていますので、参照してください。

なお、手元にすでに願書があったとしても、それが当該受験年度の願書であるかどうかの確認をかならずしてください。なぜなら、早い時期の学校説明会に参加したときに配られる資料には、まだ新年度願書が完成しておらず、参考のために前年度用の願書が含まれている場合があるからです。

誤って前年の願書を使用してしまい、出願窓口で書き直さなければいけなかったということもあります。

さらに、願書の冒頭にある年度表記も学校によって異なる場合があります。こちらも注意するようにしましょう。

### 入学願書への記入は原則保護者が行う

中学受験の入学願書は、保護者が記入することを原則としてつくられています。実際、ほとんどの場合、保護者が願書を記入しています。

願書の記入は、少なくとも出願の1～2週間前には終えておくことが理想です。そして、できれば、記入した願書のコピーをとっておいてください。家庭用プリンタでもコンビニなどでもかまいません。

他校の願書であっても、すでに記入ずみのものがあれば、つぎの願書を記入するときの参考になります。

1月中から入学試験がスタートする学校の場合には、年末はどのご家庭もあわただしくなることでしょうから、それよりも前に記入を終えておくようにしたいものです。

願書に記入するにあたって、文字の巧拙が気になるかたもいらっしゃるかもしれませんが、合否にはまったく関係ありません。正確に、ていねいに記入すればじゅうぶんです。

### 添付する書類などの準備もお早めに

多くの場合、願書には受験生の顔写真を貼りつける必要があります。サイズ的には、各校ともほぼ変わりませんので、前もって受験校数より少し多い枚数の写真を用意しておきましょう。なお、試験中にメガネを使用するのであれば、メガネ着用の写真が望ましいでしょう。試験中に願書写真で本人確認があるからです。

また、小学校の通知票のコピーの添付を求められる学校が増えていますので、2学期末に通知票を小学校からもらってきたら、こちらもすぐにコピーしておくようにしましょう。

さらに、通っている小学校からの調査書を必要とする場合には、日程的にゆとりをもって小学校の担任の先生に調査書発行をお願いしておくようにしてください。年度末や卒業を控え、なにかと学校も多忙な時期ですので、早めにお願いしておくのが無難です。

さらに健康診断書が必要かどうかなど、出願にあたっての添付書類について確認しておいてください。

### インターネット出願で注意すべきこと

近年、増えてきているのがインターネット出願です。今後、ますます普及してくることでしょう。

極端に言えば、入試前日の夜でも出願が可能なため、ぎりぎりまで出願するかどうか検討でき、急きょ受験することができる便利さもあります。

ただし、インターネット出願の場合には、受験料の払い込み方法がクレジットカード決済となることが多いので、使用可能なカードを保有しているかどうかの確認は事前にしておきたいものです。

そして、万が一、ご家庭のパソコンやインターネット環境が不調となった場合にどうするかも考えておかなければなりません。

トラブルは予期せぬときに起きやすく、出願しようとしたときに突然故障してしまって困ったというかたもおられました。パソコンまわりのトラブルが起きた場合にどうするかを考えておくことはムダではありません。

とくに入試前夜に出願というようなときには、代わりの手段を講じておけばあわてずにすむでしょう。

### 各種出願資料の保管は学校ごとにまとめてわかりやすく

こうした出願書類は、保管場所を決めておき、学校ごとにクリアファイルなどに収納して、外から見て内容がすぐにわかるように保管しておくと、急に必要になったり、確認したいことがある場合などにあわてずにすみます。

同様に、出願後に発行された受験票も、学校ごとにわかる場所に保管しておきましょう。入試当日の朝、「受験票はどこだろう」と探し回るようなことがないようにしたいところです。

また、受験校への交通経路が複雑であったり、乗り換えが多く、その経路に慣れていないような場合には、インターネット上のソフトなどで経路を検索し、その経路をプリントアウトして学校ごとのファイルに挿入しておき、入試当日にそれを持参しておけば迷わずにすみます。

願書記入についての詳細と注意事項については、46ページから詳しく説明してありますので、参照してください。

## Point 5 直前期・試験期間の過ごしかた

### 朝型への移行は無理なく行う

入試日程について、近年は午後入試が増えていますが、それでも午前中の実施が主流です。人間の脳は眠りから目覚めたあと、すぐには完全に機能せず、一定時間の経過を待たなければならない仕組みであることはよく知られています。

したがって、頭脳を使う入試においても、試験開始時刻からしっかりと働くように、生活パターンを日ごろから「朝型」にしておくにこした

「やるべきこと」をしっかり整理

## 直前期の最終チェック

ことはありません。

とはいえ、熱心なお子さまほど、夜遅くまで勉強をがんばるということがあると思います。

人間の身体はすぐに新しい生活パターンや環境に適応できない面があります。ですから、一定の期間をかけて、少しずつ身体を「朝型」に移行していくのがベストです。

個人差はありますが、できれば1カ月ほどの期間で、少しずつ起床時刻を早めていくようにしましょう。時刻的に早く起きるのが目的ではなく、身体と脳が目覚めることが大切ですので、あまり無理をしないようにしてください。

脳が目覚めたことを実感できるように、起きたあと、窓を開けて朝日を身体に浴びたり、外気を取り入れるようにするのも効果的な方法です。

また、早起きしたら、短時間でかまいませんので、取り組みやすい漢字練習や計算問題を解くなどして、頭を働かせる習慣も身につけていきましょう。前の日の夜に暗記した社会や理科の復習などもいいでしょう。

「朝型」への移行とはいっても、育ちざかりのお子さまですので、睡眠時間をしっかりと確保することは欠かせません。脳内に睡眠誘発物質が生成されて、起きたあとでも眠気が残ってしまうようでは逆効果ですので、就寝時間自体を早めて、睡眠時間をしっかりと確保することが大切です。

早く就寝すると、夜の学習時間が減ってしまうことが気になるかもしれませんが、その心配はあまり必要ありません。これまで、すでにじゅうぶん勉強してきているのですから、この時期にコンディションよりも勉強時間や学習量を優先することはありません。

脳のコンディションを万全のものとするための「朝型」移行を成功させることで、本番で持てる力を存分に発揮できるようになるはずです。

### 家族のチームプレーで受験生を支える

入試本番が迫ってくると、これまでにない不安を覚えたり、ちょっとしたことに過度に反応するような場面も受験生にはでてくるでしょう。その不安は、これまでがんばってきたからこそ感じられるものでもあります。小学校6年生の児童が、「合格か不合格か」という厳しい結果をともなう入試にチャレンジするわけですから、不安や心配に押しつぶされそうになっても、なんら不思議ではありません。

むしろ、そうした経験ができることが、中学受験の持つ大きな教育的効果でもあり、それを経験することで、ひとまわり成長できるともいえます。

そうした受験生特有の心理を周囲のご家族が理解し、心のケアとサポートをできるようにしていただければと思います。

たとえば、なるべく家族がそろって食事をしたり、少しの時間でもいいのでだんらんの時間をつくるなど、受験生を家族全員で支える態勢で直前・試験期を過ごしてください。きっといい結果につながる一助となることでしょう。

とはいえ、ご家族のみなさんも、お仕事などで時間的に厳しいでしょう。だからこそ、なかなかふだん、受験にかかわることがむずかしいような場合でも、可能な範囲でサポートする姿をお子さまに見せてあげることが、なによりの励ましとなるのです。

学校の下見や交通手段の検討、日程表の作成、合格発表の確認方法、パソコンを活用しての情報収集など、それぞれ得意な分野でお子さまを支えられる場面はたくさんあります。

そうしたサポートをしてくれているご家族の姿は、受験生へのなによりの励ましとなるのはまちがいありません。「みんなが応援してくれている」という実感が、最後のがんばりにもつながることでしょう。

ご家族も合否が気になるのは当然ですが、それより大切なものもあるのではないでしょうか。家族全員がチームとして受験生を支えることで、一体感を現実に感じられる絶好の機会が中学受験ともいえます。とくに、弟さんや妹さんがいる場合には、そのお子さまたちにも、大変貴重な経験となるでしょう。

## Point 6 入試前日、当日はどうするべき？

### 前日に特別なことをする必要はない

入試前日、とりわけ最初の受験校入試日の前日は、お子さまもなかなか平常心ではいられない緊張感やプレッシャーを感じるでしょう。

だからこそ、いつもと同じ生活パターンを繰り返すことが大切です。わざわざ学校を休んだりするのは、あまり得策とはいえません。

塾に通っている場合は、塾の先生に会いたいというお子さまも少なくありません。授業はなくても、これまで教えていただいた先生の顔を見るだけで落ちついたり、先生からアドバイスや激励をいただくことが心の安定につながることもあります。お子さまが望む場合は、塾に行ってくるのもいいでしょう。

あとは、翌日の持ちものを確認し、早めに就寝するようにしましょう。気持ちが高ぶっていますので、なかなか寝つけないかもしれませんが、床に入っているうちに眠りにつくでしょう。

### 時間にゆとりをもって当日は行動を

いよいよ当日です。時間にゆとりをもって家をでるようにしましょう。試験期は、季節的に大雪となる場合もあるため、交通機関の運行状況も事前に確認してください。

万が一、公共交通機関が止まっているような場合には、入試開始時刻が変更されます。公共交通機関を利用していれば、そうした情報も駅や車内で入手することができます。

これまでの努力はこの日のため。持てる力を100%発揮してくれることを信じて、受験会場にあたたかくお子さまを送りだしてあげてください。

### 「不合格」だったとしても

インターネットによる入試当日の合格発表も、近年は多くなりました。受験した当日に合否が判明し、さらに自宅で合否を知ることができるのは便利です。

残念ながら思わしくない結果となることもあるかもしれませんが、学校まで足を運ぶよりも、翌日以降の入試に頭を切り換えやすいという利点もあります。気を取り直してがんばっていくように声をかけてあげてください。

第1志望校の合格がかなわなかったとしても、ほかの合格校があるならば、その学校が「第1志望校」です。新しい一歩をふみだすことに意味があり、「中学受験は結果より過程が大切である」といわれるのはそのためです。

なお、みなさんの合否がどうなったか、進学塾の先生がたも気をもみながら心配しています。結果がどうであったとしても、塾への連絡も忘れないようにしたいものです。

入試の結果は、さまざまなかたちで表れてきますが、どんな結果だったとしても、受験に向けてお子さまが努力してきたという事実はゆるぎないものです。

もし、思うような結果がでなかったとしても、全力を尽くしたことを評価してあげてください。中学受験に向けたその努力は、まぎれもなく称賛に値するものだからです。

前途あるお子さまの輝かしい未来を、最後まで全力でサポートしてあげていただきたいと思います。

# 目《め》白《じろ》研《けん》心《しん》中学校

共学校

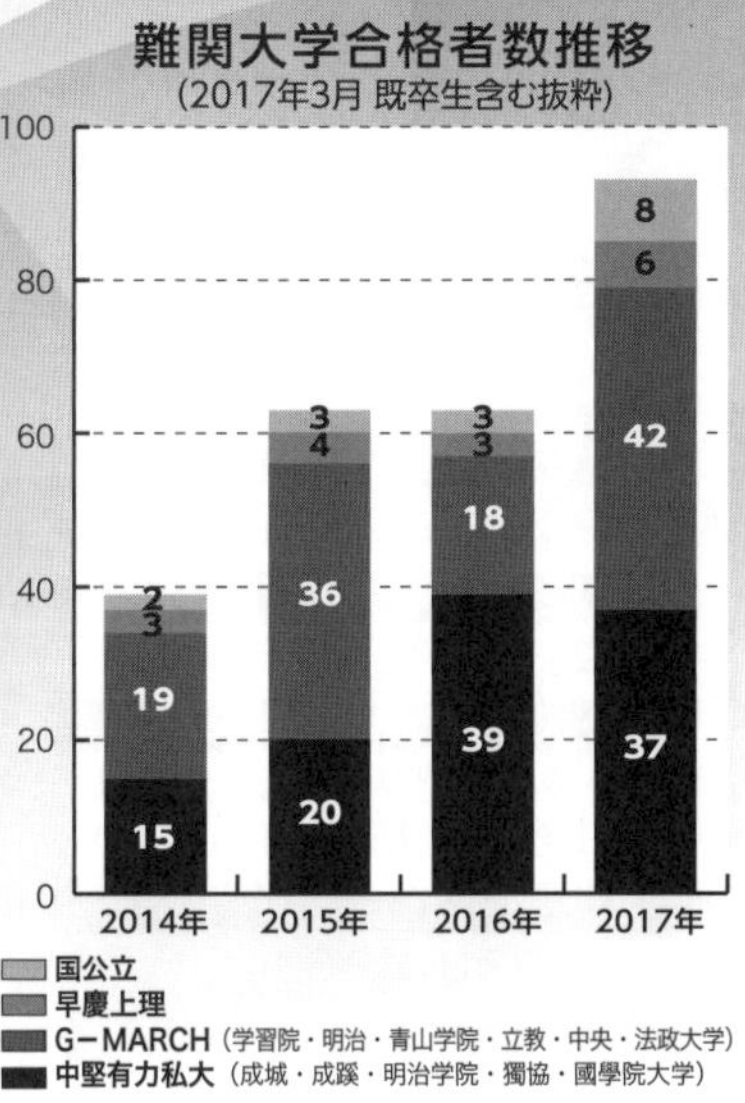



所在地:東京都新宿区中落合4-31-1
電　話:03-5996-3133
アクセス:西武新宿線・都営大江戸線「中井駅」徒歩8分、都営大江戸線「落合南長崎駅」徒歩10分、地下鉄東西線「落合駅」徒歩12分
H　P:http://mk.mejiro.ac.jp/


〔学校説明会〕要予約
11月18日(土)　14:00
11月30日(木)　10:30
1月13日(土)　10:30
※11/18は生徒による説明会

〔入試体験会〕要予約
12月16日(土)　10:30

## 学習支援センターの利用が浸透し「受験は団体戦」という空気が生まれた

**今年度、大学合格実績を飛躍的に伸ばした目白研心中学校(以下、目白研心)。その要因はなんだったのでしょうか。進路指導部主任の大木玲子先生にうかがいました。**

目白研心は、2017年度(平成29年度)、東北大(医)1名、東京学芸大1名を含む国公立大に8名、早慶上理に6名、G-MARCHに42名の合格者をだしました。合格実績の大幅な伸長について大木先生は「2013年度(平成25年度)に開設した学習支援センターの存在が大きな要因のひとつだと思います」と話されます。

学習支援センターは、生徒の学びをサポートする施設で、中1〜高2に週3回、国・数・英の確認テストを実施しています。合格点に満たない場合は映像学習やチューター指導を行うなど、学んだことを確実に定着させるよう配慮しています。

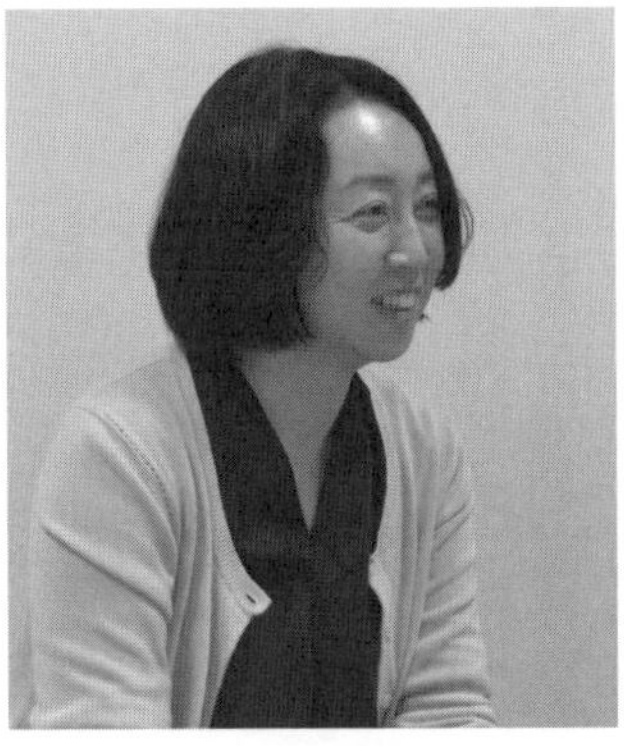

進路指導部主任・大木《おおき》 玲子《れいこ》先生

そのほか、個別に登録すると、スタッフと相談し、自分だけの勉強計画を立てたうえで、放課後に「単元別映像講座(中1〜高3)」や「Vトレーニング(プリント学習、中1〜高3)」、「VOD大学受験映像講座(高2・高3)」を受けられます。どれも全科目に対応しており、テキスト代のみで受講できます。また、別途費用を払うと、志望校別の個別指導を受けることも可能です。

「本校では、国公立大、早慶上理などをめざす『特進クラス』を設けています。昨年卒業した特進クラスの生徒は、下級生のころから積極的に学習支援センターを利用していました。そこにG-MARCHなどの難関私立大をめざす『選抜クラス』の生徒も加わったことで、志望校合格に向けてみんなで勉強するという雰囲気ができあがりました」(大木先生)

### 面談で生徒と教員の信頼関係を育む

大学合格実績の伸びについて、学習支援センター以外の要因を聞いたところ、「面談を頻繁に行ったこと」と大木先生。目白研心では、中1〜高3の全学年で年に3回面談を実施していますが、特進クラスでは高1から年に6回ほどと、さらに密にコミュニケーションをとっています。

面談によって生徒と教員の信頼関係が育まれ、目白研心では、受験直前期の1月も多くの生徒が学校で勉強します。学校の実施する特別授業を受けたり、学習支援センターで自習をして教員に添削を頼んだりと、仲間や教員がいる安心感を感じながら受験勉強をする「受験は団体戦」という空気ができあがったのです。

開設5年目を迎えた学習支援センターの利用が学内に浸透し、先輩たちの雰囲気を後輩たちが受け継いでいくことで、大学合格実績は今後さらに伸びていくことでしょう。目白研心中学校のこれからに注目です。

放課後の学習支援センターのようす。毎日、約60人の生徒が利用しています

**所在地**
東京都江東区清澄2-3-15

**アクセス**
地下鉄半蔵門線・都営大江戸線
「清澄白河駅」徒歩３分

**TEL**
03-3642-8041

**URL**
http://www.nakamura.ed.jp/

# 中《なか》村《むら》中学校 女子校

## 女子の伝統校が掲げる「108年目の女子校力」とは

**最寄り駅から近く、学校の前には清澄公園・庭園。都会にありながら自然豊かなロケーションに立つ中村中学校は、これまでの伝統をいかしながら21世紀に求められる力を養っていきます。**

創立から１０８年目を迎えた中村中学校（以下、中村）は今年、「１０８年目の女子校力」を掲げ、「総合的変化対応能力」のある生徒の育成をより強く打ちだしました。

近年、よく聞かれる「女子力」ではなく、「女子校力」とはどんなものなのでしょうか。永井哲明校長先生にうかがいました。

### キャリアデザイン授業をさらに一歩進める

永井哲明校長先生

永井校長先生――本校の建学の精神は「機に応じて活動できる生徒の育成」です。じつは学校創立当初の明治時代から、思考力・判断力を持った生徒を育てるということを打ちだしていました。その建学の思いにしっかりと立ち返ったのが２００２年（平成14年）です。キャリアデザイン授業をスタートさせ、「30歳の自分」をイメージしようということを始めました。

「30歳」という年齢には理由があって、いまは意識できていないと思いますが、生徒たちにとって30歳は、やりたいことや自分のキャリアを探し求める探求の段階から、実現の段階へと移っていく年代になります。考えるだけではなく、それを行動に移し、実現することで自分の生き方として実践していくという段階にあたり、大切な時期であることを認識してもらいます。

本校を卒業したあと、生徒たちはいろいろなイベントにぶつかっていきます。予期しているものもあれば、予期していないものもあります。起こってほしいこと、起こってほしくなかったけど起こってしまったことなどもあるでしょう。このキャリアデザイン授業を行うことで、そうしたできごとにきちんと対応できる力を身につけていってほしい、という思いでつづけてきました。

その結果、いまでは本校の生徒たちは、大学に入ってからどうしようかを考えるのではなく、大学で自分の道、方向を築いていくための研究をするというのが当たり前になってきました。「この大学、学部、学科で学びたいことがある」という進路選択をするという部分で、安心して大学に送りだすことができます。

このキャリアデザイン授業にグローバルな意識をプラスすることで、グローバル社会のなかでのキャリア意識を持てるように、「グローバルキャリアデザイン」に学校全体で取り組んでいきます。

では、「グローバル」とはどういう意味なのでしょうか。本校ではこれを「地球を任せられている」と意識することだととらえています。

そのためには、しっかりとした人間性を養うことが必要不可欠でしょう。中村生は校訓「清く、直く、明るく」のもと、中高6年間、学校行事やクラブ活動をとおして、主体性、多様性、協働性を磨いています。

また、その希望進路への進学をあと押しするための学力をしっかりと伸ばすために、一昨年度から教育改革を行っています。そのひとつが学習習慣の定着です。

第1段階が「人から学ぶ」。授業

中2の国内サマースクールでは初めて会う外国人に深川を案内します

オーストラリアでの語学研修（高1・高2）中のひとコマ。現地の小学生に折り紙を教えています

などをつうじて、われわれは「従来型学力」と呼んでいますが、知識・技能を確実に身につけなければなりません。

そのつぎに「人と学ぶ」、いわゆるアクティブラーニングですね。

そして、このつぎが「自分で学ぶ」。これができると生徒たちは大きく伸びます。ここを本校では「CAN」「MUST」「WILL」という3つのステージに分けています。

「CAN」は、できることは100%きちんとやっていこうということで、できるのにやらない自分からは卒業しようと言っています。

つぎに来るのが「MUST」で、「背伸びしよう！」をテーマにしています。ある程度できる可能性があることを、背伸びしてクリアしてみようという段階です。時間がかかってもがんばっていると、それがいつの間にか「CAN」になっているんですね。

そして、やるべきことをきちんとやり、少し背伸びしなければならないようなことにも前向きに取り組めるようになったら、やりたいことに欲張って挑戦する「WILL」の段階です。ここまで行くと、ほんとうの学ぶ喜びというものを感じるようになってきます。この3段階をきちんと自覚することが学習習慣を定着させるためには大切になります。

## 思考力を養い 総合的変化対応能力を伸ばす

こうした土台のもとに、思考力も伸ばしていきます。本校ではこの思考力を以下のような5つに分けています。

①「ロジカル・シンキング」（論理的思考力）
②「コミュニカティブ・シンキング」（相互理解的思考力）
③「クリティカル・シンキング」（批判的思考力）
④「コラボラティブ・シンキング」（協働的思考力）
⑤「〝グローカル〟（グローバル＋ローカル）シンキング」（地球的思考力）

この5つの思考力が、授業や学校行事などのさまざまな場面で養われるような仕掛けを用意しています。

思考力が養われれば、起こったできごとに対し、振り返り、反省し、改善策を考え、計画を立て、実行し、継続することができる「総合的変化対応能力」が身につきます。

ここまでにあげてきたものは、21世紀に生きる力として必要とされているものですが、最初に述べたように、本校の建学の精神とも一致するものです。

ですから、創立時の思いに立ち返り、新しいものを付け加えながら、「女子校だからできる」、さらに言えば、「これまでの積み重ねがある中村という女子校だからできる」教育を、これからより積極的に提供していく、それが「108年目の女子校力」なのです。

### 学校説明会日程

| | |
|---|---|
| **学校説明会** | |
| 11月25日（土） | 10：00～12：00（第１回入試説明会） |
| 12月 8日（金） | 19：00～20：00（夜の学校説明会） |
| 12月16日（土） | 10：00～12：00（第２回入試説明会） |
| **ミニ説明会** | |
| 1月13日（土） | 10：00～11：00 |
| 1月27日（土） | 10：00～11：00 |

# 受験４教科

# 時間を有効に使ってラストスパート！

受験本番まであと少し。焦る気持ちもあると思いますが、残り時間を正確に把握して、できることをやりきりましょう。

## 「残り時間」がどれぐらいあるかをわかりやすくする

受験生のみなさんは「直前期」や「ラストスパート」といった言葉を聞く機会が増えてきたことでしょう。そして、こうした言葉を聞くと、焦りを覚えてしまうときもあるかもしれません。それは、この時期であれば当然のことです。

　しかし、焦るだけではなく、まずは実際に本番までの「残り時間」がどれぐらいあるかを「見える化」してみましょう。漠然と「あと○日」ではなく、スケジュール帳やカレンダーを使って、ひと目でわかるようにすると、冷静になることができ、残り期間でできることも見えてくるでしょう。

　たとえば、1週間型のスケジュール帳を使うとします。

　「睡眠」「学校」といった、かならず必要で、かつ、受験勉強に使えない時間をグレーなどで消し、塾の授業など決まっている時間を書きこむと、残ったところが使える時間ということになります。そこをわかりやすい色で塗っておくと、持ち時間がひと目でわかるので、計画を立てる際の基本となる部分がわかりやすくなります。

## よくばりは中途半端のもと

　残りの期間において、ぜひ覚えておいてもらいたいのは、直前期だからといって、なにか特別な学習をする必要はないということです。ラストスパートとして、学習に時間をかけすぎてしまうのはよくありませんし、気持ちが焦って、やったつもりで終わるような雑な学習になっては元も子もないのです。

　そのためにも、なんとなくテキストや参考書などを眺めて、やったような気になるだけということにならないよう、しっかりと手を動かしたり、声にだしたりしながら学習するようにしましょう。

　そのとき、「これが最後の機会」という気持ちで学習することを意識してください。「焦ることはない」とお伝えしましたが、そうは言っても、「あとで復習しよう」の「あと」の時間は、もうなかなか取るのがむずかしい時期です。その意識を忘れずに学習にのぞむようにしましょう。

　また、これまでの模擬試験や、いま繰り返し取り組んでいるであろう過去問の結果を見ると、苦手なとこ

# 時間を有効に使ってラストスパート！

ろがどうしても目につき、「あれもこれもやらなければ」という気持ちになりがちです。しかし、これからの時期は、そうして「あれもこれも」と欲張らず、「あれはやらない」「これはやり直す」などという決断をするタイミングです。

### 学習の「習慣化」で「なにもしなかった」日をなくす

受験生の多くが、「とくになにもしないまま、気がつくとその日が終わっていた」という経験をしたことがあるのではないでしょうか。うまく思いどおりにはかどらなかったということは、長い受験勉強のなかでは起こるものですが、直前期においては、できるだけ避けたいところです。その大きな原因は、「なにをすればよいのか考えているうちに時間が経ってしまうこと」、そして、「気持ちが乗らないままなんとなく学習を進めてしまうこと」にあります。

そうならないために、1日の学習を始める時間と内容を、ある程度固定することをおすすめします。ポイントは、①得意教科②単純なもの③短時間（15～20分程度）④手作業を多くともなう学習、の4つです。算数好きなら計算や一行問題、国語なら漢字などの知識問題、社会や理科なら写真を見て名称を答えるような問題などが最適です。

こうした取り組みをとおして、学習が習慣化されてくると、歯を磨かないと気持ち悪いと思うのと同じように、たとえば朝起きて「計算問題を解かないと、なにかいつもとちがうなあ」という感覚になっていくものです。1日の始まりを、やりやすい作業から始め、脳を活性化させることで「なにもしないまま終わってしまう」のを防ぎましょう。

## 国語

### 論説文、物語文は全体像をとらえる

まずは論説文、物語文ともに、全体像をとらえることを習慣づけておきましょう。

論説文においては、結論を導きだすまでの流れに注意を払って読むのがポイントです。また、物語文では、登場人物（とくに主人公）の心情の変化が描かれています。物語文を読んだあとは、登場人物のだれをめぐって、なにが起こり、そして登場人物（主人公）の気持ちがどのように変化したか、ということを書きだしておくと、内容が整理されて解きやすくなります。

### 暗記ものこそ「丸暗記」に終わらせない

漢字や語句の問題が暗記ものであることはまちがいありませんが、この時期だからこそ、丸暗記だけに終わらせず、ひと手間をかけてみましょう。まちがえた問題について、解答を見て、ただ何回か書くだけで終わりとするだけでは、読めない・書けない漢字などは、意味がわからず言葉として使えないままになってしまいます。

慣用句やことわざもそれは同じです。意味を理解したうえで、自分でその言葉を使った例文をつくったり、具体例をあげてみたり、ひと言にまとめたりしてみましょう。きちんと「使える」言葉が増えると、うろ覚えにならないうえに、記述力の向上にもつながるので一石二鳥です。

### 学んできたことが「使える」ようになっているか

すでに述べたとおり、この時期から新しい問題集を買うなど、なにか新しいことを始めるのはおすすめで

きません。これまでに自分が習ってきたことや教わってきたことを、しっかり身につける前に新しいことに手をだすのではなく、それらが「使える」ようになっているかを確認していくことが大切です。とくに、自分の力でできるかどうかをチェックしましょう。

たとえば、逆接の接続詞のうしろにある主張を読み取れているか、「つまり」「要するに」のあとにくる、さきに述べたことを抽象化した内容を把握できているか、など、授業で教わってきた内容が理解できているかどうかを再確認しましょう。そのためには、頭のなかだけでなく、考えの過程をきちんと書き残して確認すると効果的です。

## 算数

### ミスを減らす ひと工夫を惜しまない

算数において、わかっているのになかなかなくせないのがミスではないでしょうか。だからこそ、ゼロにはできなくても、減らす工夫をするかしないかでは、大きなちがいがでてきます。

算数では、問題文の読みちがいと計算まちがいが、ミスの代表例としてあげられます。問題文の読みちがいに対しては、「音読する（入試ではもちろん小声で）」「細切れに読む」ことが効果的です。問題文を細かく区切りながら読んでみるといいでしょう。

そして、そこから読み取れることがなんなのかを確認し（ときには図や表に書きだし）、読み取った情報を整理します。塾の先生に隣でチェックしてもらえれば理想的ですが、それができない場合は、保護者のかたがチェックしてあげてください。その場合、気をつけたいのは、まちがいに対して感情的に指摘しないように、ということです。ちがっているポイントをそっとしめしてあげる程度にしましょう。

計算まちがいがめだつ人は、途中式の書き方にもう一度注意してみてください。余白にばらばらに書くのではなく、縦に整理して書いているかをチェックしてみましょう。

### 確実に取れるところで 点数を取ることを意識

当然のようで、意外に忘れてしまいがちですが、入試は満点でなければ合格できないわけではありません。過去問演習などでは、どうしても解けないところにばかり目がいきがちですが、これでは非効率どころか、自信をなくしてしまうことにもつながります。

冬休み以降は、取れるものをきちんと取ればそれでいい、というぐらいのおおらかな気持ちで取り組みましょう。たとえば、立体図形（とくに切断や回転）・規則性などの分野では、現時点で苦戦している場合、どうしても間に合わないことがあります。

解けないようであれば、そこに貴重な時間と労力をつぎこむよりも、思いきってそれらを捨て、自分の得意な問題に力をそそいで、確実に得点できるところを取りきれる力をつけていきましょう。

## 社会

### 知識の「まとまり」でつまずき防止

社会の入試問題では、覚えていれば答えられる単純な知識問題もある一方で、さまざまなことがらのつながりを問われるような問題も出題されます。

暗記を重視しすぎて、数をこなそ

# 時間を有効に使ってラストスパート！

うと一問一答式の問題ばかりに頼りすぎると、そうした問題でつまずいてしまいます。これを防ぐためにも、知識は「まとまり」をつくって覚えるのが大切になってきます。

地理分野では、地形や気候と産業や暮らしのつながりを白地図にまとめる、歴史分野では、時代背景・原因→きっかけ→できごと→影響というストーリーをまとめる、公民分野では、制度や仕組みと日常生活や時事的ことがらを結びつける、といった方法があります。

### 記述問題は無理をして書きすぎないように

最近の社会の入試問題でも、記述問題が増えています。こうした問題に対して、無理をして書きすぎないようにすることが対策の第一です。無理に長く書こうとした結果、誤った内容が含まれてしまうという事態は最も避けたいところです。

そして、解答する際には、理由なのか、影響なのか、関係なのか、最終的に「なにを答えなければいけないのか」をかならず確認しましょう。問題文をていねいに読み、自分の書いた解答はかならず読み返し、日本語として正しいか（主述の関係に誤りがないかなど）もチェックするようにしてください。

### 2017年のできごととキーワードをまとめる

この1年間で話題になったおもなニュースに関連するキーワードを中心に、そのニュースの背景、影響などを、短い文章でまとめる練習をしましょう。アメリカ合衆国やフランス、おとなり韓国で新大統領が誕生したことや、みちびき2～4号の打ち上げ、日本も関係する領土問題など、ニュースとつながりを持つキーワードがあげられるだけでも、大きな力になります。

地名がでてきたら地図で場所を確認すること、意味のわからない用語を調べることも習慣づけるとなおいいでしょう。

## 理科

### 「手も足もでない」を少しでも挽回できるように

ほとんどの学校の理科の問題は、特定の分野ではなく、すべての分野から幅広く出題されます。そのため、手も足もでない、というような苦手分野があるようだと、ほかの分野で取り返すのはむずかしいかもしれません。

せめてそこから少しでも上昇するためにも、もう一度、基本的な知識を確実にすることが大切になってきます。ここでも、あれもこれもと焦らず、確実に理解している、わかっている知識を増やしましょう。

### 定番の実験・観察問題で得点しよう

これまでに受験勉強を進めていくなかで、同じような内容の実験に何度もであったのではないでしょうか。

しかし、見たことのある実験であっても、その記憶だけに頼らず、実験の内容、意味についての理解を深めることで、確実に定着させることを意識しましょう。

一方、生物の名前などで、現段階で初めて見ることがらや、まったく最初から覚えないといけないものがあれば、それはいまから覚えなくてもいいでしょう。

そして時事問題対策としては、できごとだけではなく、関連することがらといっしょに学習することが、社会と同じように大切です。自然災害や天体などにかかわるニュースは目をとおしておいてください。

## 親子で走りぬくために

# 公立中高一貫校受検直前対策

# いまから親ができること

**公立中高一貫校の適性検査は、おとなでも「えっ」と首をひねってしまう問題が並んでいるのが実情です。そんな適性検査が近づき、お悩みの保護者のかたも多いでしょう。しかし、親が弱気になってはいけません。にっこり笑って「大丈夫！」と言える余裕を持ちましょう。このページでは、そんなみなさんが少しでも安心できるよう、適性検査までをどう過ごしたらいいのか。勉強のヒントもまじえてお届けします。**

### 近づく入学者選抜 検査で試されることは

いよいよ、入試本番が近づいてきました。

首都圏の公立中高一貫校の入試日程ですが、早い順に並べると、千葉県は12月9日、埼玉県は1月13日に「入学者選抜（一般枠）の検査（一次）」を行います。

東京都、神奈川県は、2月3日に検査（一般枠）を行います。

事前に提出する報告書（調査書）や志願理由書は点数化されたり、面接の資料となります。

入試当日の検査では、おもに適性検査と面接が行われます。

東京都の一般枠の検査に面接はありませんが、特別枠の検査（**小石川中**、**白鷗中**）では面接が行われます。

なお、作文の力は、東京都10校の一般枠のほか、他県の公立中高一貫校の検査でも、適性検査のなかに記述の形式で含まれて試されます。なかでも**埼玉県立伊奈学園中**の一次は「作文」と特筆されています。

東京都では適性検査Ⅰで読解力が試され、解答は文字量の多い作文です。写真やイラストが1点しめされ、それを材料に自分が考えたことを記述するかたちだった**桜修館中**も、この春は短い文書がしめされ、著者が言いたかったことを600字程度の作文にまとめるものでした。

また、千葉県立の2校では「二次の二」の検査で、放送された文章を聞き取り、要約などを作文で答えるという出題があります。

面接は、上記した東京の特別枠のほか、**川崎市立川崎中**、**千葉市立稲毛中**、千葉県立2校の二次、埼玉県立伊奈学園中の二次、**さいたま市立浦和中**の二次で行われます。

このほか、神奈川県立の2校では、適性検査のひとつとして、「グループ活動による検査」も行われています。これは、集団面接の目的を含みながら、8人程度のグループが課題解決に向けて作業するなかで、協調性やコミュニケーション能力、リーダーシップ力などをみます。

では、ここでこれらの検査に備え、いまから準備できることを考えてみます。

### 親が取り組まねばならない ふたつのこと

公立中高一貫校の受検が迫ってきたいま、保護者のみなさんが取り組まねばならないこと、それは大きく分けてふたつあります。

ひとつは受検生によりそって、過去問のデキの精査など学習面の総まとめと体調管理、もうひとつは入学願書提出の準備です。顔写真は撮影日指定期間に注意しながら、日程に余裕があるうちにすませましょう。

## 学習面の注意事項

### 適性検査対策

**受検校の検査の傾向を知ることが最大の攻略法**

適性検査に対する準備として、この時期に入ったら、勉強の中心は「過去問攻略」となります。

同じ公立中高一貫校といっても、その適性検査問題には各校それぞれに特徴があります。

ここにいたっても、志望校にまだ迷いがあるご家庭もあるかもしれません。しかし、もう決めなければ間に合わない時期にきています。過去問に取り組むためにも志望校をしぼりこんでください。

各校における過去の適性検査問題は、それぞれのHPで公表されていますので、まずはダウンロードしてみましょう。

千葉県立の2校については、過去の適性検査は学校HPには掲載されていませんので、進学塾に相談してみましょう。

また、作文の課題文が、著作権問題をクリアするために隠されている場合があります。これも進学塾に相談して、実際にはどんな文章が掲載されていたのかを知っておきましょう。

東京都立の10校では、2015年度から、共同作成問題（同10校による）を柱として、一定の割合で各校の独自問題が含まれる形式となりました。

各校の独自問題については、これまでの各校の過去問が参考になります。

共同作成問題も3年ぶんを見ることができます。

**【表1】2018年度都立中高一貫校の独自問題採用一覧**

| 学校名 | 適性検査Ⅰ | 適性検査Ⅱ | 適性検査Ⅲ |
|---|---|---|---|
| 桜修館中 | 独自 | 独自（一部） | … |
| 大泉中 | 共通 | 共通 | 独自 |
| 小石川中 | 共通 | 独自（一部） | 独自 |
| 立川国際中 | 独自 | 共通 | … |
| 白鷗中 | 独自 | 共通 | 独自（30分） |
| 富士中 | 共通 | 共通 | 独自（30分） |
| 三鷹中 | 独自 | 独自（一部） | … |
| 南多摩中 | 独自 | 共通 | … |
| 武蔵中 | 共通 | 独自（一部） | 独自 |
| 両国中 | 独自 | 共通 | 独自（30分） |

上の**【表1】**は、来春（2018年度）の東京都立中高一貫校各校が、どこで独自問題を課すかをしめしたものです。まずは、適性検査のうちの、どの大問が独自問題なのか、それとも共同作成問題なのかを確認しましょう。

なお、来春から白鷗中が、初めて適性検査Ⅲ（独自問題30分）を実施します。

**【表1】**で、試験時間が記されていない問題は、すべて45分で検査されています。

また、適性検査Ⅱで「一部独自」とされている部分についてですが、桜修館中は大問①が、小石川中は大問②が、**三鷹中**は大問①が、**武蔵中**は大問②が独自問題となります。

東京都の共同作成問題の採用については、この春と変わらないので、**【表1】**を参考に、いくつかの学校のHPから共同作成問題をピックアップすることで、その特徴が浮かんできます。

さて過去問は、ダウンロードして印刷、それをお子さまに手渡して終わりではなく、保護者がまずよく見て、検討、分析しましょう。

適性検査は国語、算数、社会、理科を横断的にまとめた融合問題です。

## 直前学習のヒント

**■漢字の読み書き**

入試が近づいても、毎日取り組んでほしいのが漢字の読み書きです。朝、起きて脳が目覚める手助けをするつもりで、短い時間でもよいので、繰り返し意味を考えながら読み、筆順を確認しながら書く練習をしましょう。

書くときは、ていねいに書きましょう。作文での誤字はマイナスとなります。

漢字は、私立中学校の入試のようにむずかしいものは出題されません。でてくるのは「小学校配当漢字」だけです。

ただ、公立中高一貫校の適性検査では、漢字を読んだり書いたりできるだけでは不足です。

その漢字の持つ意味からくる熟語がイメージできてほしいのです。「中」は大中小の意味だけでなく、「中毒」の「中」には「あたる」の意味があり、「的中」の「中」と同じ意味だと反応したいということです。

また、漢字から地名や歴史的な人物、事件も浮かんでほしいのです。その意味でも受験校近隣の地名は把握しておきましょう。

表、グラフ、写真などから読み取る内容や、問題文から条件を見抜く力も試されます。

　国語では出題に対して作文で解答する大問があります。過去問で「なにを答えさせようとしているのか」、その傾向や、作文の字数を確認しておきましょう。

　これからの時間はアッという間に進んでいきます。入試前1カ月を過ぎ直前期に入ったら、過去問をすべてやりなおす時間はありません。

　すべてを解き直すのは無理なのですから、「解答として求められていることはなにか」を考える習慣をつけましょう。

　その解答を得るための条件はなにとなにかについて、親子でいっしょに考えながら、過去問に目をとおしていきましょう。

　このページの下欄に、この時期からの学習のヒントをしめしておきましたので参考にしてください。

　また、36～37ページの下欄には、直前期に親が注意すべきことを時系列にまとめておきました。

## 作文対策
## 書くのは何字以内で何分で書けばよいのか

　これまでにも、作文の練習はしてきていると思います。

　直前期になると、作文だけのために多くの時間は取れなくなりますが、新聞記事には、毎日、目をとおすようにしましょう。読解の練習にもなりますし、社会の知識は欠かせないものだからです。

　そして、週に1～2回は、新聞に掲載されているコラムや社説、記事を選び、字数を決めて要約したり、要旨をまとめる練習をしましょう。

さらに、その記事で自分が感じたことも短くまとめる練習もしましょう。

　公立中高一貫校の作文は、400～600字前後の字数を求められますが、字数は各校で異なります。前述したように、受検校の過去問で、求められる字数を確認し、その字数で練習するようにします。字数については読点、句点も1字ですが、いちばん上のマスに読点、句点がきた場合はどうするのかも、各校の過去問の注意事項を見て確認しておきましょう。

　また、時間配分も大切です。読解

### ■計算練習

　計算の練習も毎日取り組んでほしいことのひとつです。

　公立中高一貫校の適性検査では、単純な1行問題はでてきませんし、また、「つるかめ算」「旅人算」などが使えるかどうかは試されません。

　過去問を見ていると、正しい答えをだすことよりも、答えにたどりつく、その道すじを大事にしていることがよくわかります。

　社会や理科と融合させ、表やグラフから読み取った数字を割り算して、%にして比較したりもします。環境問題や農作物の地域比較などからも出題されるため、大きな数字同士や、少数同士の計算も必要になります。

する時間、考える時間、ていねいに書く時間、見直す時間を割りふって練習します。

## 書きあげた作文を点検するときのポイント

これからの直前期には、練習した作文のすべてを進学塾の先生が点検する時間はなくなってきます。作文時点から時間が経ち、子どもが書いたときのことを忘れてしまっていては、あまり意味がありません。

そこで、日々の作文練習は親が目をとおす必要に迫られます。では、どのようなことをポイントにして、作文を点検したらよいのでしょうか。

作文問題のほとんどは、まず課題文がしめされ、それを要約したり、課題文の作者が言いたいことをまとめたりする出題となります。課題の長文が2題しめされ、共通した主張をまとめて作文することを求められる学校もあります。さらに、そこから導かれる自分の考えを書く、というものもあります。

ですから、作文を点検するときには、まず、課題文の内容をふまえて書いてあるかどうかをみます。

課題文に対して、自分が感じたことや、自分の考えを書く問題に対しては、自らの体験を盛りこんで意見を書くようにすると字数を達成できるようになります。志望校の過去問を見て、このようなタイプの作文が必要なら、新聞のコラムは要約するだけでなく、そのコラムに対して自分ならどうするか、どう思うか、よく似た体験はなかったか、ということを考えながら作文をするようにし、自分の意見をかならず入れるようにしましょう。

また、段落の設け方にも目を向けましょう。まったく段落のない文章はいただけません。話の区切りでは段落を分けるようにします。最低でも、自分の意見や主張、結論の前には段落が必要です。段落の分け方を指定される学校もあります。

この時期なら「で・ある調」と「です・ます調」の混在はなくなっていると思いますが、まだ、まざっているようなら、注意不足に尽きますので、書きあがったあとの見直し時間での注意を徹底させます。自分の書いた文章は点検しづらいものですが、そのことが合格につながることを自覚させましょう。

「ら抜き言葉」などもよく点検してください。また、最近の子どもたちは日常で「ちがって」というべきところを、「ちがくて」や「ちがうくて」と発音することが多くなっています。それをそのまま文章でも使ってしまうことがありますので、見逃さないようにしましょう。

作文は、その内容、言いたいことが読み手に伝わらなければ意味がありません。

お父さま、お母さまが「これじゃわからないなぁ」という文章になっていた場合は、なにを言いたいのかを言葉で説明させて「それなら、ここをこう工夫してくれたら、お父さんにも伝わるよ」と肯定感を持たせながら、「伝わる喜び」を重ねていきましょう。

# 面接対策

## 公立中高一貫校の面接は私立中高よりも重視される

面接については、55ページからの項で詳しくあつかっていますので、ここでは公立中高一貫校での面接に特有の部分についてお話しします。

私立の中高一貫校では、面接が合否に影響するケースはほとんどありませんが、公立中高一貫校では面接を重視している学校が多いと考えておきましょう。

首都圏の公立中高一貫校の面接は、東京都の一般枠と神奈川県では行われませんが、それ以外の学校では多く実施されています。実施校の詳細については、冒頭の31ページで触れています。

面接形式は個人面接と集団面接があり、学校によってちがいます。

私立学校のように、保護者に対しても面接をする学校は公立中高一貫校にはありません。

個人面接はひとり5分ほどです。集団面接は5～8人ぐらいで行われ、時間も20～30分と学校によって長さがちがいますが、面接重視の学校が時間をかけています。

集団面接は、都立高校のような集団討論形式は行われておらず、一人ひとりが答えていく形式です。言ってみれば、個人面接の生徒交代時間の短縮にねらいがあるのかもしれません。ただし、他の受検生が応答しているときの態度も見られていますので、他の受検生の応答にも注目するようにしましょう。

集団面接では、面接官がつぎつぎと受検生に質問していきます。個々が答える時間は1分にも満たないことが多いので、結論をさきに言うようにしましょう。理由などを述べているうちに、つぎの受検生への質問に移ってしまい、結論を言えずに終えるのでは残念です。

個々への質問は1度だけではありません。「それはなぜ」と再度質問されたり、しばらくあとに再度質問されたりします。

座っている順番に沿ってあてられるともかぎりません。他の受検生への質問もいっしょに考えるようにしていれば、急に呼びかけられてもあわてずにいられます。

なお、千葉県の**東葛飾中**は、集団面接のなかに「プレゼンテーション的な内容をふくむ」としています。たとえば、スケッチブックに、課題に対する自分の答えを書いたあと、それを見せながら、ひとりずつ自分の考えを説明する、といった内容です。伝えたいことがらをしめし、相手に的確に理解・納得させる力を試しているものと思われます。

### 考えておきたい<br>志望動機や将来の自分

この時期から、面接に備えるとしたら、どの学校でも聞かれる質問について、その答えを考えておくとよいでしょう。

志望動機、将来の希望、学校生活への期待、どんな学校生活を送りたいか、などは個人面接ならかならずといってよいほど質問がでます。集団面接でも、だれかが聞かれることの定番といってよいでしょう。

このほかでは、自分の長所、将来の夢、小学校でがんばってきたことなどをたずねられます。考えておきたいテーマです。

もうひとつ大切なことは、「この学校で学びたい」という意識を強く持つことです。

受検校の特徴や教育内容を、親子でよく話しあい、頭に入れておけば、予期しない質問がきてもあわてることはありません。

学校は意欲のある生徒を求めているのですから、学校の教育内容や特徴に沿って、入学後にはこんな学校生活を送りたいというところに結びつけていけば、答えを用意していなかった質問に対しても答えることができるでしょう。

質問に対しては、まず「ハイッ」と返事をしておけば、少し考える時間は与えてくれます。ゆっくりとした口調でかまわないので、ハキハキと自分の言葉で答えましょう。

つまり、質問に対してじょうずに答える必要はなく、ありのままの自分を見てもらえばよいのです。面接官も「正解」を待っているわけではなく、あなたの態度を見ているのです。

## 生活面の注意事項

### 脳を朝型に転換

#### 無理することなく<br>早く起きる習慣を

つぎに直前の時期における生活面についてのお話をします。

まず大事なことは、「朝型への転換」です。

公立中高一貫校の検査は、8時半集合、9時開始という場合がほとんどです。

では、何時に起床すればよいのでしょうか。人間の脳が活発に働き始めるのは起床後3時間からと言われています。ですから、受検時には6時ごろには起床する生活を日常化できていなければなりません。

塾に通っているお子さまの場合は、身体が夜型になっていますので、いまから、徐々に早く起きる習慣を身につけていきましょう。

無理をすることはありませんが、直前になって急に朝型に切り換えようとすれば、当然無理が生じます。「いまから徐々に」を心がけましょう。

### 親子の会話を

#### 話す機会を多くして<br>思考力・表現力を培う

おとなと話をする機会が多い子どもは語彙《ごい》が増えることがわかっています。それにともなって表現力が増し、当然のように思考力を養うことになります。

最も身近な存在であるおとな、つまり親がいつも楽しく会話をすることが大切なのです。入試が近づいたいまこそ、笑顔の会話が必要です。

### まずは健康を維持

#### 忘れずに予防接種を<br>虫歯の治療もいまのうちに

インフルエンザの予防接種も忘れてはなりません。詳しくは62ページであつかっています。

虫歯の治療などもいまのうちにすませておいた方が無難です。

受験勉強で近視の度が進んでいる場合も考えられますので、念のため受診して、もしものときは眼鏡も新調しましょう。

# 安心につながる早めの行動
# その日までにする準備とは

**首都圏の公立中高一貫校では、12月から1月には出願が始まります。出願のために必要なものをそろえるのは親の役目です。早めの準備が安心につながり、家庭内の余裕を生みだします。家庭内に余裕があれば、受検生はストレスを感じることなく、その日を迎えることができます。受検校の願書は早めに手に入れ、熟読し、内容をよく理解してから記入を始めます。そのほかに報告書（調査書）や志願理由書も用意しなければなりません。ここでは、公立中高一貫校入試の準備と合否のポイントについてもお話しします。**

### 志望校の決定に見逃されがちな通学の便

さあ、いよいよ出願の準備が始まります。もちろん、志望校は決まっていますよね。私立の学校とちがって公立中高一貫校は1校しか受けられません。それだけ厳しい入試だということができます。

志望校が決まっていたとして、意外と見逃されているのが「通学の便」です。

たとえば千葉県立の2校の学区は県内全域で、通学時間の制限もありませんが、千葉県はタテに長い土地柄で、学校側も「生徒の通学にともなう体力的、精神的な負担や6年間通うこと等を考慮し、志願するかどうかを判断してください」と呼びかけています。他都県の場合も、遠い学校に6年間通う負担は考慮されるべきでしょう。

また、川崎市立、千葉市立、さいたま市立の学校は、その市内在住者しか受けられませんが、**千代田区立九段中**は区内在住者だけでなく、都内在住者にも門戸が開かれています。

わかりにくいのが横浜市立の2校で、**横浜市立横浜サイエンスフロンティア中**は横浜市内在住者しか受けられませんが、**横浜市立南中**は神奈川県内在住者も受けることができます。

これらのことも考慮して、最終的な志望校を決めてください。

それでは、受検のための出願書類を具体的に見ていきましょう。

## 出願書類について

### 入学願書

**顔写真撮影の時期は各校で指定されている**

公立学校の入学試験は、「入学者選抜」と呼ばれます。

公立中高一貫校の出願にあたっては、「入学願書」「報告書（調査書）」と、一部の学校では「志願理由書」が必要です。これらの書類様式は都県により、また学校によって異なります。なかには「応募資格審査用紙」や小学校長による「出願承認申請

## その日までのヒント

**■受検直前あと2カ月**

漢字の読み書きや語句の練習は毎日、少しずつでも取り組みましょう。公立一貫校の適性検査では、小学校配当漢字の知識と、その漢字をどう使って表現できるかを測ろうとします。毎日漢字を読んで、書いて、考えることに重点をおきましょう。

また、計算力については、資料から読み取った数字を用いて、問題解決のために計算する力をはかります。四捨五入、切り上げ、切り捨て、百分率に直す作業などを、問いに応じて、毎日の計算に取り入れましょう。

**■受検直前の10日間**

適性検査受検まで1週間あまりとなりました。この時期に親が心がけることの第一は子どもの体調管理です。早寝早起きを心がけ、朝の9時ごろには頭が働くようにしましょう。風邪予防も万全を期します。

さて、これからの10日間に行える適性検査の有効な対策は、「志望校・過去問の再点検」につきます。すでに1度はやっていると思いま

書」の提出を求められる学校もあります。

さて、入学願書の書き方の注意事項は、46ページからの項でお伝えしている私立中高一貫校の「願書の書き方」に準じます。

願書に貼る写真について、首都圏の公立中高一貫校は4㎝×3㎝の大きさで、白黒、カラー、どちらでも可となっています。写真の裏に受検者氏名を書いておくのは当然となっていますが、東京都立の学校では所属小学校の名前も書きます。

写真は、願書と受検票のために2枚必要な学校がおもですが、願書のみに必要で1枚ですむ学校や、3枚必要な学校（千葉市立稲毛中）もあります。なお、写真をいつ撮影するかですが、各校で指定されていますので、注意してください。「出願前3カ月以内」「2017年9月1日以降」「2017年12月1日以降」などさまざまです。

入学願書には、検定料の領収書を貼る欄がありますが、願書の裏に貼る場合に見逃されることがあるそうです。

また、この領収書は受検先の都県、市、区独自の収入証紙のものです。国の収入印紙ではありません。

## 報告書

### 合否を分けるのは報告書と適性検査

入学者選抜の当日は、出願時に提出された書類の審査に加えて、「適性検査」「面接」「作文」などが実施され、それぞれが点数化され、換算ののちに、総合成績の結果で合否が判定されます。これらの実施項目は学校によって異なります。

学校によって換算の仕方はちがいますが、大きな比重を占めるのは32ページから述べた「適性検査」、そして「報告書」です。

### 報告書は小学校生活を映した鏡のようなもの

報告書は小学校の先生にお願いして書いていただくもので、小学校の成績が大きな要素を含んでいることがわかります。

互いに公立の学校ですから、公立小学校で、学習や行事、学校での活動に真面目に、真剣に取り組んでいた児童を取りたいというのは自然の流れでしょう。

ですから、ふだんの学校生活での学習と日常の行動に、前向きで真摯《しんし》な態度が必要だといえます。

報告書は、公立中高一貫校各校指定の用紙を使って、小学校の先生に書いてもらいます。東京都立の10校は共通です。

その内容は小学校の「学習の記録」で、おもに5～6年生（千代田区立九段中は4～6年生）の成績表を参考にして記されます。

小学校での基礎学力がしっかり身についているか、学校生活に一生懸命取り組んでいるかどうかが焦点となります。

志望校が決まったら、早めに小学校にお願いして、報告書を作成していただきましょう。

中学校側の出願書類の提出期限が都県、市、区によってちがいますので、よく確認し早めにお願いして書いていただきましょう。

近年、私立の中高一貫校では調査書を求めることはほぼなくなって小学校の先生の負担は減っていたのですが、公立中高一貫校を受検する児童が非常に多くなり、先生の負担はひところより大きくなっていると言われます。ですから、余裕をもってお願いし、ゆっくりと書いていただく方がよいに決まっています。

都県によって報告書の様式は異な

すが、問題文の読み取りを重点に、再度やっておきましょう。

### ■検査前日と検査当日

本文でも詳しく述べていますが、前日は受検票や筆記用具その他、持ちものの確認を本人にさせたうえで、親もかならず再確認しておきます。

そして、遅くとも10時には床につくようにしましょう。

当日の朝は、計算問題を2～3題、もしくは、漢字の書き取りを1ページ程度やって、脳を目覚めさせます。

適性検査は、多くの学校が8時半集合、9時開始ですが、再確認し、8時には学校に着くように余裕を持って家をでましょう。

保護者はいっしょに検査会場まで行きます。子どもだけで登校させることはやめましょう。雪が降ってくる場合や交通事故など、どんなアクシデントがあるかわかりません。子どもだけでは対処できないことも起こりえます。

家をでるとき、または試検会場に入るとき、「自分の持っている力を全部だし、思いきってやってくれば、それでいいのよ」と、安心させる言葉をかけて送りだしましょう。

るとしても、その内容はほぼ共通といってよいものです。

記入欄のおもな項目は「各教科の学習の記録」「総合的な学習の時間の記録」「特別活動の記録」「行動の記録」「出欠の記録」「総合所見」などです。

入学者選抜にとって合否に影響するポイントが高く、客観的に記されるのが「各教科の学習の記録」でしょう。「行動の記録」など他の項目は、合否に大きな影響を与えることはないといっても過言ではありません。

## 志願理由書

### 志願理由書は志願者本人が書く

「志願理由書」の提出は、すべての公立中高一貫校で採用されているわけではなく、たとえば東京都立中学では小石川中と白鷗中の2校だけで必要です。

千代田区立九段中では「入学を希望する理由」と「小学校のときに、力を入れて取り組んできたことで、自分が特に述べておきたいこと」を記入する「志願者カード」があります。2項目だけですから、記入欄が他校より広く設けられており、記入する前になにを書くか、よく検討する必要があります。

千葉県立の千葉中と東葛飾中の「志願理由書」は、都立中学に似た様式ですが、その他の項目に「自己アピール欄」があります。

千葉市立稲毛中の「志願理由書」には入学願書と受験票に貼付したものと同じ写真を貼る必要がありますので、写真撮影の際に3枚用意することを忘れないようにしましょう。

さて、「志願理由書」を首都圏で採用している各校とも、志願者本人が記入することを求めています（鉛筆で可）。このような書類の記入は、小学生本人にとっては初めてという場合がほとんどでしょう。ですから、ここでは親もいっしょに書くのだ、という姿勢こそが大切です。

記入する内容についても「なぜこの学校を志望するのか」について、よく家族で話しあっておきましょう。

それだけに、早めの準備が必要です。余裕をもって対応しましょう。

ていねいに、しっかりとした文字で書くことも望まれます。漢字は、正しくていねいに書きましょう。とくに小学校で習った漢字は送りがなも正しく送りましょう。

記入欄のスペースと、本人が書きたいことの文章量とが合わない場合がでてきますが、記入欄をはみだすことは避けましょう。逆に書くことが少ない場合ですが、記入欄に書く文字は、少なくとも9割以上は埋めたいところです。

その内容は、小学校でとくに力を入れてきたことについて、具体的に、どんなことをがんばったのかが伝わるように書きましょう。

なお、志願理由書の右上に「受験番号」という欄が用意されている場合がありますが、ここは空欄のまま提出します。出願後、決まった受験番号を学校側が印字するスペースです。

また、記入まちがいや書き損じはどうしても起こります。願書や志願理由書はコピーを使った下書きも必要です。ほとんどの学校で、各校のホームページからダウンロードできるようになっていますので、それを下書きとして利用するのもよいでしょう。出願書類は2通取得しておくことも大切です。もしものときには最初から書き直すことができるからです。

もし、何度も書き直して、子どもの根気が途切れたと感じたら、日を改めた方がよい結果となります。

さて、この志願理由書が合否にどの程度影響するかですが、これはそれほど大きくはない、強いていえばほとんど関係ない、と言ってよいでしょう。

志願理由書を求めている学校は、ほとんどが面接を行っている学校に偏っています。このことから、面接の際の「質問材料になる資料」というとらえ方が適切かと思われます。

## 出願

以上のような提出書類をそろえて、各校が指定する期間中に出願します。その方法も学校によってさまざまなので注意が必要です。提出書類が非常に多くなる学校もありますので、漏れのないようにします。

出願は、郵送のみという学校、窓口持参のみという学校、両方を認めている学校などさまざまです。締切時間は15時と16時半までという学校があり、最終日は正午まで、という学校もあります。時間帯によって受け付け対象を変えて（居住地域、男女別など）、混雑を避けようとする学校もあります。

郵送についても封筒の大きさを定めている学校、簡易書留で配達日指定にしなければ認めていない学校もあります。

千葉県立中2校の出願は、2017年（平成29年）11月20日（月）から22日（水）まで、なるべく学校持参（15時まで）です。千葉市立稲毛中は同12月11日（月）と12日（火）の両日、学校持参（16時半まで）。

埼玉県立伊奈学園中は同12月25日（月）16時半までと26日（火）の正午までの両日、例年学校持参のみで、25日は受付時間が居住地によってちがうので注意が必要です。

さいたま市立浦和中は伊奈学園中と同じ両日、学校持参ですが、25日は午前女子、午後男子で受付時間がちがいます。26日は11時半までです。

東京都立10校の出願は、2018年（平成30年）1月10日（水）から16日（火）までの必着で、各校指定の郵便局に「郵便局留」で郵送することにより受け付けることとなっています。

千代田区立九段中については、同1月16日（火）と17日（水）の9時から15時までに、九段校舎の窓口に持参です。

神奈川県立2校、川崎市立1校はいずれも、同1月10日（水）から同月12日（金）まで、横浜市立2校は9日（火）から11日（木）まで。いずれも消印有効での郵送受付です。

なお、窓口持参で、書類に不備が指摘された場合には、その場で訂正することになりますので、かならず印鑑を持参してください。

## 合格発表

### 高い倍率の公立一貫校 うまくいかない場合も

合格発表の仕方も都県、市、区によってちがいがあります。「入学許可候補者内定」と呼び、入学確約書を提出して初めて「合格」と呼ぶ県もあります。発表はインターネットでも行われます。

千葉県や埼玉県の学校では、一次で受かったあと、二次検査がありますので、タフさが必要です。

合格発表の日程は毎年同じという学校がほとんどです。

学校掲示を確認するために当日、小学校を休ませる、というかたがおられますが、高倍率の入試ですからうまくいかない場合もあります。インターネットで確認後、合格の場合に見に行く方法がよいと思います。

なお、合格の場合も期限までに手続きをしないと入学の権利を失います。

## 白鴎中が国際色を強めて 3つの大きな変更打ちだす

首都圏の公立中高一貫校、2018年度入試で大きな変更点があるのは、東京都の白鴎中だけです。

来春の白鴎中における変更点は大きく3つあります。

### ■適性検査Ⅲを採用

変更点ひとつ目は、一般枠募集での適性検査について、これまでの「適性検査Ⅰ」「適性検査Ⅱ」に加え、「適性検査Ⅲ」を実施することです。

適性検査Ⅲは、各校の独自問題で、学校の特色を打ちだせます。この春までは都立中5校が実施していましたが、2018年度は32ページのとおり、白鴎中が加わり6校が採用します。

### ■国際的な学校文化にねらい

ふたつ目は、都立中高一貫校のなかで、これまでは立川国際中のみで行われていた、「海外帰国・在京外国人生徒枠の募集」を白鴎中でも行うことです。

募集人員は24人です。面接と作文（日本語または英語）による選考となっています。

白鴎中の入試変更点の3つ目は、これまで実施してきた特別枠募集の区分A（国語・算数・英語いずれかの卓越した能力）の廃止です。

特別枠の区分B（囲碁、将棋、邦楽、邦舞、演劇のいずれかの分野に卓越した能力がある者）の募集は継続します。募集人員は6人です。

白鴎中の一般枠の募集人員は136人から特別枠の入学者をひいた数になります。

### ■都立校改革の一環として

都立の中高一貫校のなかでも、白鴎中にのみ入試変更が集中しているのは、東京都教育委員会が2016年度（平成28年度）に策定した「都立高校改革推進計画・新実施計画」のなかで、「中高一貫教育校の充実」として白鴎中が指定されたことに始まります。

この指定を受けた同校は「国際交流、英語教育などに重点を置いた特色ある教育のさらなる充実、帰国生徒や外国人生徒の受け入れなどを行い、国際色豊かな学習環境を実現する」として、検討をつづけてきました。来春がその実施すべき時期にあたるのです。

本番への道しるべ

# 親と子の入試直前期

平山入試研究所 所長

**小泉《こいずみ》 浩明《ひろあき》**

東京都生まれ。慶應義塾大学卒業後、アメリカ Sul Ross州立大学MBAコース卒業（経営学修士取得）。大学受験予備校、個別指導塾の開校・経営を経て、現在は学習指導や教材の研究および教務コンサルタントに従事。

**お子さまにとって一生に一度の中学受験。悔いのないものにするためには、保護者のサポートが欠かせません。入試直前期の受験生を支える親の心がまえをお伝えします。**

## 直前期にやるべきことできていますか

受験直前期はなにかと落ちつかなくなるものですが、お子さまをフォローして、本番で１００％の実力がだせるような環境づくりをめざしたいものです。そのためには、受験生に対する精神的バックアップや体調管理などが大切ですが、ほかにもやるべきことはいくつもあります。

たとえば「受験校の決定」。最近は各学校の受験回数の増加にともない、受験のパターンが複雑になってきました。どの学校を受験し、いつまでに〈ここなら行きたい〉という学校の合格を勝ち取るか。模試や過去問の結果をにらみながら、お子さまや塾の先生とともに決める必要があります。地域によってちがいますが、たとえば東京の場合、受験のピークは大体2月1日から5日まで。少なくとも2月2日までに〈ここなら行きたい〉と考える学校の合格をとらないと、精神的に厳しくなる場合があります。

学校までの順路や交通機関の事前チェックも大切です。「すでにチェックずみ」のかたも多いと思いますが、急に受験することになった学校などは怠りがちになります。また、平日・休日によって電車やバスの時間はちがうので、「説明会に行ったから大丈夫」ではない場合もあります。試験会場までストレスなく到着できるようにしておきましょう。

いわゆる受験グッズも用意したいものです。たとえば、1月、2月の試験は雪になることが少なくありません。その場合、携帯用カイロや手袋などは必需品です。また、試験会場は座席の位置により、寒暖の差が激しいのは当たり前。どちらにも対応できるよう、脱ぎ着できる服装の用意が必要です。高校・大学受験とちがい、受験生本人だけではよくわからないことが多いのが中学受験ですから、細かい心配りが大切です。

check 1

# 勉強と生活

**いよいよ入試直前期。
これからの生活・勉強面で気をつけたい点をお話しします。**

　受験直前期の勉強は、まとめ・志望校対策・弱点補強ですが、同じペースで勉強していけばよいわけではありません。ある時点で、「ギアを変えていく」必要があります。受験直前期は追いこみの時期ですが、調整する時期でもあるのです。追いこみの時期は勉強時間も増え、寝るのも遅くなりがちです。しかし、本番の試験は朝から始まりますから、その時間帯に頭の回転をベストにもっていくには早寝早起きが必要です。しかし、試験直前になってあわてて早寝早起きにしようと思っても、習慣はなかなかなおりません。試験が始まる2～3週間前には早寝早起きをスタートさせましょう。

　ギアチェンジは子どもに対する声がけでも必要です。たとえば、いままでは厳しく叱って成績を伸ばしていたら、ある時点で自信を持たせるためにほめて伸ばすという切り替えです。実力があってもプレッシャーに弱いお子さまは少なくありません。そんな場合はとくに、「これだけとれていれば大丈夫」などとほめて勇気づけてあげましょう。ただし、ほめ過ぎによるお子さまの気の緩みには注意しましょう。

　気の緩みと言えば、年末年始は要注意です。とくに年内に過去問演習で合格最低点を何回もクリアしているような受験生は、絶対合格できるという自信はないが、「落ちるような気がしない」というのが本音だと思います。そうしたお子さまは、正月になるとつい気が緩みます。元旦くらいはというはずが、つい3日、4日と勉強に集中できずに過ごしてしまう。さすがに心配になって勉強を始めるが、いままで解けていた算数の問題がスラスラ解けずに愕然《がくぜん》とする…、ということはよくあります。

　じつは、問題を時間内に解くという作業は慣れが必要で、しばらく解いていないとカンを取り戻すために数日かかる場合があります。正月をだらけて過ごしてしまったために、ベストではない状態で1月中旬からの試験にのぞみ、試し受験でまさかの不合格。このことによる精神的なダメージは大きく、本命の試験でもそのダメージを引きずって不合格になるケースがあります。実際の試験が始まる前に、すでに試験は始まっているという気持ちが必要です。

## 入試直前期の生活と勉強
CHECK POINT

- ☑ 生活も勉強もギアチェンジの時期
- ☑ 勉強内容はまとめ・志望校対策・弱点補強
- ☑ 本番2～3週間前から早寝早起きへ
- ☑ 子どもへは「ほめて伸ばす」声かけを
- ☑ ただし、ほめすぎによる気の緩みに注意
- ☑ 年末年始も休まず勉強をつづけること

check 2

# 前日の過ごし方

**ついに明日は本番。緊張も高まる入試前日、どのように過ごせばいいのでしょうか。**

受験前日のキーワードは「ふつうに過ごす」です。気になるところを復習したり、算数の問題を何題か解くなど、軽めに勉強します。勉強しないとかえって明日の試験が気になりますが、神経が高ぶるのであまりハードに勉強しないこと。もちろん、夜遅くまで勉強してはいけません。

忘れものをしないように、明日の持ちものも入念にチェックしましょう。どの学校でも受験票や筆記用具などは必要でしょうが、筆記用具といっても定規やコンパスまで必要としているかは学校によってちがいます。また、腕時計や携帯電話を試験会場に持ちこめるかどうか、あるいは休み時間にアメやチョコレートなどの飲食をしてよいかも学校によって異なります。募集要項をしっかり読んで用意しましょう。たとえば禁止されるものを誤って持っていった場合、よほどのことがないかぎり、注意されるだけですむことが多いとは思います。しかし、その注意だけでも受験生は動揺します。そうした動揺は試験への集中力をおおいに奪うので、必要なものだけを持っていくように親が確認してください。

食事についてですが、「明日はがんばってほしい」などということで、豪華にするのは考えものです。たとえば、敵（ステーキ）に勝つ（トンカツ）ということで、ステーキやトンカツなどを試験前日の夕食にだしがちです。しかし、そうした料理は胃に負担がかかり、体調を壊す可能性があります。消化のよいもので、いつもと変わらないご飯にしてあげましょう。また、用心のために生ものも避けるべきでしょう。

最後に眠れない場合について。前日、比較的早く床についたものの、興奮して眠れないということはおおいにありえます。こんなとき、絶対にやってはいけないことは、眠くないからといって起きだして勉強すること。ベッドで目をつむって横になっていても疲れはとれます。だれでも眠れないのは当たり前、横になっているだけで大丈夫と開きなおれば、いつの間にか眠っているものです。なお、試験前日は試験会場の近くのホテルに宿泊されるかたもいらっしゃいますが、「まくらがちがうと寝られない」というお子さまもいるので注意してあげてください。

### 入試前日の過ごし方 CHECK POINT

- ☑「ふつうに過ごす」がキーワード
- ☑ 前日の勉強は軽めにする
- ☑ ハードな勉強や夜ふかしはNG
- ☑ 持ちものチェックは入念に
- ☑ 豪華な食事は避け、消化のよいものを
- ☑ 眠れなくても焦らないこと

check 3

# 当日とその後

**入試当日に気をつけたいこと。**
**また、試験を終えた受験生へのケアについてお伝えします。**

　受験当日でいちばん大切なことは、試験会場に決められた時間どおりに、ストレスなく着いて試験を受けることです。そのためには、天候、交通、体調、忘れものなどに注意することが必要です。たとえば、天候や交通ですが、保護者が朝早く起きたらまず外を見て、雪や大雨が降っていないかを確認し、さらにテレビなどで交通の乱れ（不通や遅延）がないかも確認します。もし、大雪が降っているとか、交通に大きな乱れがある場合は「これでもか！」というくらい早く家をでて、余裕をもって試験会場に着くことをめざしましょう。天候や交通の乱れによる影響が大きい場合は、学校側も試験時間をずらすなど対応してくれる場合もあるので、学校のホームページなども確認しましょう。

　さて、最後にすべての試験が終わったあとは、どのような結果であっても総括をすべきだと思います。たとえば、見事第1志望に合格した場合でも、「やった！　万歳」で終わるのではなく、ご両親をはじめみんなのバックアップに感謝の念を持つこと、また中学校に入って燃え尽きないよう、これがスタートであってゴールではないことを自覚させたいものです。もちろん受験生本人の努力を認め、両親としておおいに誇りに思っていることははっきりと言ってあげましょう。

　また、満足な結果が得られなかった場合は、中学受験はゴールではないこと、結果がでなかったことの原因を明らかにして今後にいかせば、いくらでも修正が可能であることを説明してあげてください。お子さまは、よい結果がでなかったことを情けないと感じていると思いますが、同時に、ご両親がそれについてどのように思っているかを非常に気にしているはずです。反省することは大切ですが、それが終わったらつぎにめざすべき道をともに考え、4月からの中学生活に胸をふくらませられるように、つぎのステップに行けるようにしたいものです。

　志望校に合格することはもちろん大切ですが、中学受験をつうじて得た成功や失敗の体験をこれからのお子さまの人生にいかすためにも、中学受験を親子で総括してしっかりと締めくくることが必要だと思います。

## 入試当日とその後
## CHECK POINT

- ☑ 当日は天候、交通、体調、忘れものに注意
- ☑ トラブルに備えて早めに起床する
- ☑ 余裕をもって試験会場に着くように
- ☑ どんな結果でも、入試が終わったら総括をする
- ☑ 不合格の場合でも、子どもを励ましてつぎのステップをめざす

# 社会に貢献できる人材を育成する『R-プログラム』

# 立正《りっしょう》大学《だいがく》付属《ふぞく》立正《りっしょう》中学校

**日蓮聖人の教え「行学二道」を柱とし、勉学への積極的な情熱と豊かな人格の育成を目指す立正大学付属立正中学校・高等学校（以下、立正）。2013年（平成25年）のキャンパス移転を機に、新しい取り組みが着々と生徒の可能性を伸ばしています。**

## 中学のクラス編成

立正では、中学生は周囲からの見守る目が最も必要な時期と考え、中学3年間は、1クラスを30名程度の少人数で編成しています。さらに学習進度に差がつきやすい数学と英語では習熟度別授業を行い、英会話の授業ではネイティブ教員2名による1クラス10数名の分割授業を行うなど、「教わる授業」から「自ら学ぶ授業」へと展開し、生徒それぞれに合ったきめ細かな指導を心掛けています。

2年次からは、生徒の希望と成績に応じて、国公立・難関私立大学への進学を目標とする「特別進学クラス」とその他私立大を目指す「進学クラス」に分かれます。進級時に本人の希望や成績に応じたクラスの入れ替えを行いながら、原則的に高入生と混ざることなく4年次（高校1年次）まで一貫生のみのシラバスが構築されています。

## 進路指導と進路状況

5年次（高校2年次）から高入生と混合となり、生徒それぞれの進路に応じ、特進文系・特進理系と進学文系・進学理系の4コースに分かれ、志望大学への進学を目指します。

立正では、「行ける学校よりも、行きたい学校へ」を進路指導方針とし、生徒の多様な進路選択に対応するために豊富な選択科目を用意しています。また、勉強合宿や長期休暇中の講座、ＡＯ・推薦入試に特化した入試対策講座など、生徒のニーズに合わせて多数の講座を開講しています。

このような取り組みの結果、近年の大学進学実績は堅調に推移しており、２０１５年度（平成27年度）大学入試において、国公立・早慶上理23名、ＧＭＡＲＣＨに63名が合格しており、約8割の生徒が立正大学以外の外部大学へと進学しています。

毎日、真剣に授業に取り組んでいます

## 『R-プログラム』で社会人力を養う

「2013年の校舎移転を機に本校の校是でもある日蓮聖人の三大誓願（※）の心に立ち戻り、中等教育の本来あるべき姿とは大学へ送り出すための学習カリキュラムだけを行うのではなく、社会に貢献できる人材を育成することであると考え、この『R-プログラム』を実施するに至りました」と入試広報部長の今田正利先生は語ります。

※日蓮聖人の三大誓願
「我れ日本の柱とならむ、我れ日本の眼目とならむ、我れ日本の大船とならむ」

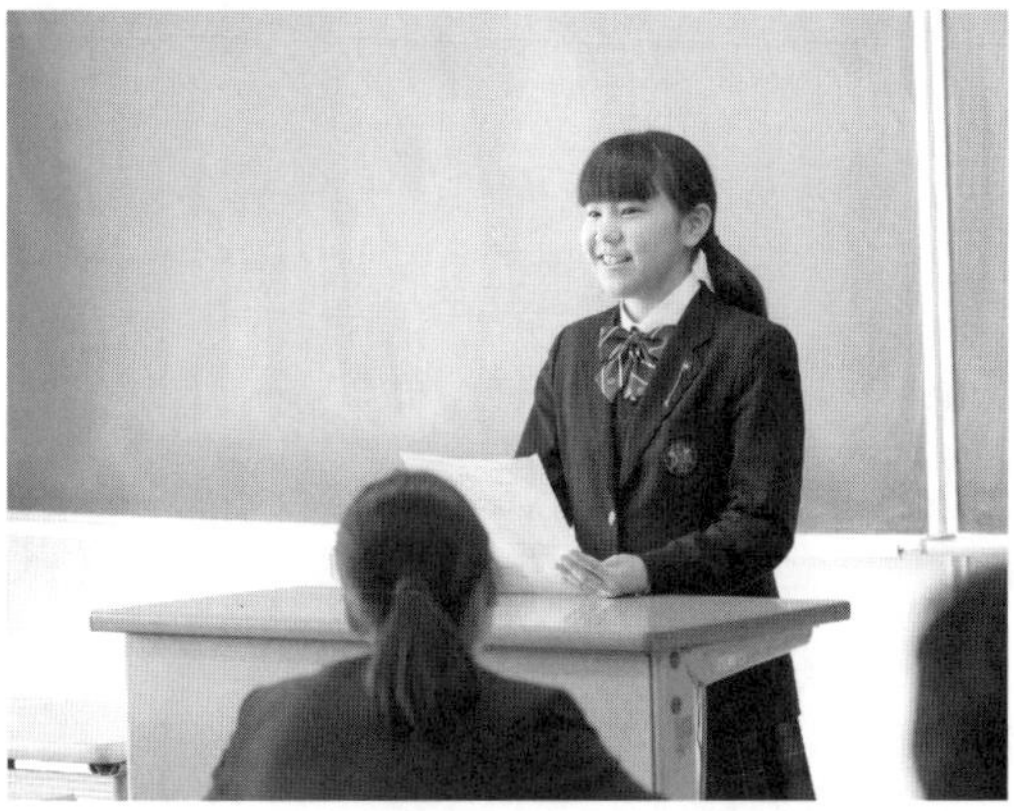

『R-プログラム』スピーチの様子。皆、真剣です

この『R-プログラム』とは、Research（自ら進んで調べる力）、Read（主張や要点を読み取る力）、Report（意思や結果を正確に伝える力）の3つのスキルを伸ばすための立正独自のもので、主な取り組みは次のようなものです。

### 『コラムリーディング＆スピーチ』

毎朝20分のSHRを活用し、新聞等のコラムを読み、自分の感想や意見を200字程度にまとめ、一人1分間の発表を行うプログラムです。学年が進むごとにコラムを時事的なテーマへと移行し、LHRで3分間スピーチにチャレンジしたり、クラス内でディスカッションやディベートを行ったりと少しずつ難易度を上げていきます。これにより文章の読解力・要約力、プレゼン力そして自分と異なる意見を受け入れる姿勢などが養われます。

### 『読書ノート＆リーディングマラソン』

『読書ノート』は生徒に配布しているノートで、読んだ本の書名、ページ量、感想などを記入することで「考えながら読む」習慣を身につけます。また、1年間を3期に分け、クラス対抗でどれだけのページ数を読んだかを競う「リーディングマラソン」を開催し、読書の動機づけを行います。昨年度、中3の年間読書量の平均は約2500ページでした。

### 『キャリアプログラム』

『R-プログラム』では、中1から『キャリアプログラム』を実施しています。

1年次に行われる卒業生による「職業講話」から始まり、2年次、3年次の「職場体験」と学年が上がるごとに実践的なプログラムとなっています。

特に3年次のインターンシップ（3日間）では、企業で行われる会議に参加したり、店頭に立ったりと実際の仕事を体験します。事前打ち合わせから企業訪問まですべて生徒たちだけで行うため、企業の方から注意を受ける生徒もいます。また、体験した現実の仕事と想像とのギャップに戸惑う生徒も少なくありませんが、それも社会経験の一つとなり、将来の目標を決めるための糧になると考えています。体験後には、一人ひとりが「体験報告会」でプレゼンを行い、様々な体験談と将来の目標を発表します。

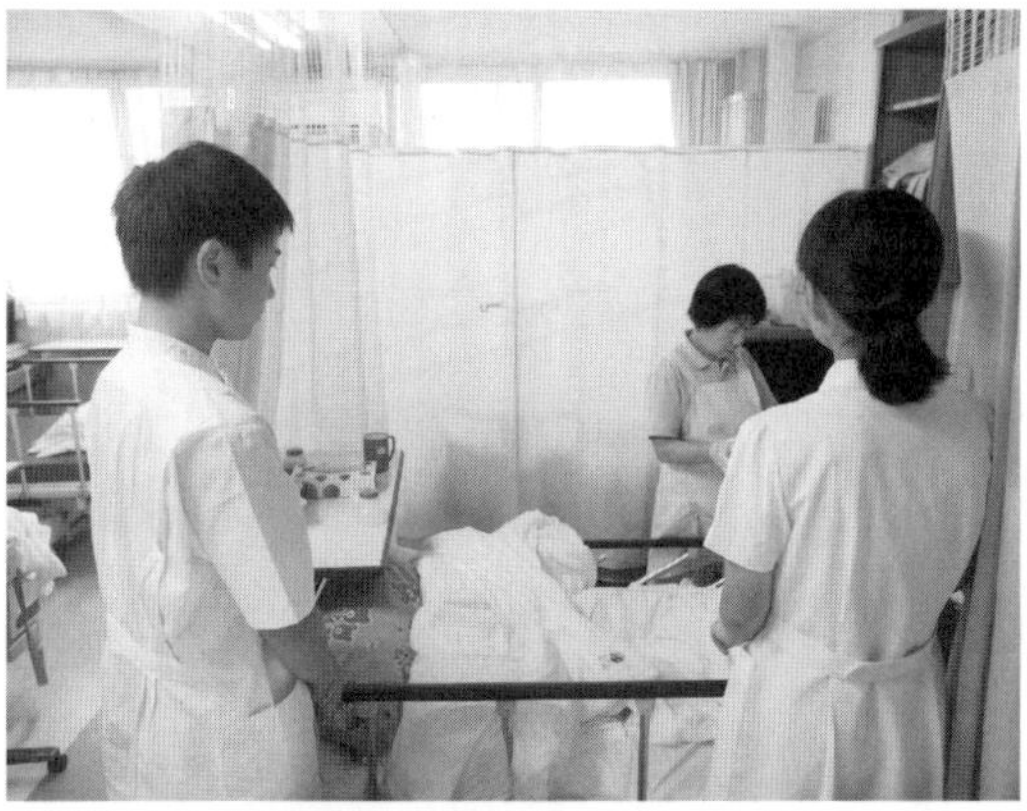

病院での職場体験、緊張が背中からでも伝わります

「立正では、これらのプログラムを6年間という一貫教育の利点を活かし、反省と見直しを繰り返しながら継続して取り組むことに意義があると考えています。このプログラムを行うことで、生徒たちは自らアクティブラーニングを行い、プレゼンテーション力を養うことができます。この力は大学進学後、そして社会人となったときに必ず自分自身を支え、助ける力になると確信しています」（入試広報部長　今田正利先生）

**立正大学付属立正中学校**
［共学校］
〒143-8557
東京都大田区西馬込1-5-1
TEL：03-6303-7683
URL：http://www.rissho-hs.ac.jp
アクセス：都営浅草線
「西馬込駅」西口下車徒歩5分
※JR線「大崎駅」から
スクールバス運行中！
■学校説明会（要Web予約）
12月10日(日)　10：00～
1月13日(土)　14：00～
※両日とも入試問題解説会を実施

記入から提出まで
# 入学願書のすべて

**入学したい意思を伝える重要な書類である「入学願書」。近年はインターネット出願を取り入れる学校も増えてきましたが、まだ多くの学校で紙の入学願書をあつかっています。受験へのいいスタートをきるためにも、願書はミスなく記入し、提出したいものです。**

## Check 01 [準備するもの]

### 願　書

受験する可能性がある学校のものは事前に用意しておきます。受験結果によっては「駆け込み受験」を強いられる場合もあります。第１・第２志望校に加え、学校説明会やオープンキャンパスで訪れた学校のものは可能なかぎりもらっておきましょう。

### 筆記用具

学校が筆記用具の指定をしている場合はそれに従います。とくに指示がない場合は、黒か青のボールペン、もしくは万年筆で記入します。同じものを2、3本用意しておけば、途中でインクが切れてしまったときも安心です。

### 写　真

学校によって指定が異なる場合があるので注意が必要です。サイズ、撮影時期などを、事前にしっかりと確認しておきましょう。実際に使用する枚数よりも多めに用意しておきましょう。

### 学校案内

志望理由などを書く際に役立ちます。くれぐれも他校と混同しないように注意してください。

### 印鑑・朱肉

スタンプ印は使用せず、朱肉を使う印鑑を用意します。記入ミスに備えて訂正印もあると◎。

## Check 02 [記入の前に]

### まずはコピーで練習

願書はコピーをして、まずはコピーしたもので練習します。練習の際に文字の大きさやバランスなども確認しておけば、本物の願書もミスなくスムーズに記入できるはずです。

### 募集要項を再確認

願書は学校ごとに記入事項や形式などが異なりますので、再度募集要項に目をとおしてから書き始めます。何校ぶんもまとめて書く際は混乱しがちですから、とくに注意してください。

## Check 03 [さあ、記入しよう]

### 不明点は学校に連絡を

願書を記入している際に、わからないことがでてきた場合は、学校に連絡して聞いてみましょう。問い合わせたからといって、受験に不利になることはありません。各校ともていねいに対応してくれるはずです。

### 統一した文体で書く

志望動機など、書く分量が多い項目では、文体を統一する方がいいでしょう。その際、やや高圧的な印象を与えてしまう場合がある「だ・である調」ではなく、「です・ます調」にすることをおすすめします。

### 1字1字に心をこめる

文字の上手・下手が合否に影響することはありません。しかし、読み手にわかりやすいように、ていねいに書くことが必要です。入学したいという熱意が伝わるように1字1字心をこめて書きましょう。

### ミスをしてしまったら

ミスをした場合は、まず募集要項に訂正方法があるかを確認します。修正テープや修正液は使用不可の学校もあるので注意が必要です。指示がない場合は、まちがえた箇所に二重線を引き、訂正印を押しましょう。

### ミスを防ごう

意外とミスをしがちなのが、氏名や住所です。書き慣れているからこそ、つい気が緩んでしまうものです。余裕があるうちに取り組んだり、受験校が多い場合は、保護者のかたで分担したりするなどの工夫を。

### 余白やはみだしはNG

志望動機などの欄では、余白をつくらないようにしましょう。ただし、枠からはみだしてはいけません。枠に線がない場合は、鉛筆で薄く線を引くと書きやすいです。線はインクが完全に乾いてから消します。

## 受験回 01

受験回ごとに願書の用紙がちがう場合や、受験科目を選択させる場合があるので、学校ごとによく確認しましょう。

## 志願者氏名・ふりがな 02

氏名は略字などは使わずに、戸籍上の漢字で記入しましょう。ふりがなは、「ふりがな」ならひらがなで、「フリガナ」ならカタカナで記入しましょう。ふりがなの書きもれにはくれぐれも注意しましょう。

## 生年月日 03

西暦での表記か、元号での表記か注意してください。

## 現住所 04

志願者本人が現在住んでいる住所を、番地や部屋番号まできちんと記入しましょう。調査書などのほかの書類と同じ住所にします。

## 写真 05

スピード写真やスナップ写真ではなく、専門店で撮影した証明写真を使用するようにしましょう。学校によって、サイズや撮影時期などの条件が異なりますので、確認して指定されたとおりにします。念のため、必要枚数よりも多めに準備しておきましょう。写真の裏に氏名と住所を書いておくと、万が一願書からはがれてしまっても安心です。また、眼鏡をかけて受験する場合は眼鏡をかけて撮影しましょう。

## 印鑑 06

押し忘れが多いので注意しましょう。印鑑は朱肉を使用するものを使います。印がかすれないよう、下に台紙などを敷いてからしっかりと押しましょう。

## 保護者の現住所 07

「志願者本人の住所と異なる場合のみ記入」と指示があれば、未記入でかまいません。指示がない場合は、「同上」と記入するか、再度記入しましょう。単身赴任等で住所が異なる場合はその旨を記入します。

## 緊急連絡先 08

受験中のトラブルはもちろん、補欠・追加合格など学校からの緊急連絡時に必要となりますので、確実に連絡が取れるところを書いておくのがポイントです。保護者の勤務先を記入する場合は、会社名・部署名・内線番号まで書いておくと親切でしょう。最近は、携帯電話でもかまわないという学校も増えています。その場合には所有者の氏名と続柄も記入しましょう。

## 家族構成 09

指示がなくても、本人を書く欄がなければ、本人以外の家族を記入するのが一般的です。書く順番は、父、母、兄、姉、弟、妹、祖父、祖母としますが、募集要項のなかに明記されている場合もありますので、指示に従ってください。名字は全員省略せずに書きましょう。また、家族の続柄は志願者本人から見た場合が一般的ですが、まれに保護者から見た続柄を書かせる学校もありますので確認が必要です。

## 志願理由 10

記入例Aのようなアンケート形式や、ある程度の文章量で書かせるなど、学校によって異なります。

## 記入例 A

# 入学願書

平成30年度
○○○○中学校

01 第1回入試用（試験日2月1日）

受験番号 ※

| | | |
|---|---|---|
| 入学志願者 | ふりがな (02) | ごうかく　たろう |
| | 氏名 | 合格　太郎 |
| | 生年月日 (03) | 平成 17 年 5 月 19 日 |
| | 現住所 (04) | 〒101-0000<br>東京都千代田区○○○2-4-2 |
| | 電話 | 03 - 0000 - 5944 |
| | 在籍小学校 | 東京都千代田区立○○ 小学校 平成 24 年 4 月 入学<br>東京都千代田区立○○ 小学校 平成 30 年 3 月 卒業見込 |

05
写真貼付
（縦5cm × 横4cm以内）
正面・上半身・脱帽
カラー・白黒いずれも可
裏面に氏名記入

| | | | 年齢 | 志願者との続柄 |
|---|---|---|---|---|
| 保護者 | ふりがな | ごうかく　すぐる | | |
| | 氏名 | 合格　優　㊞ (06) | 45 | 父 |
| | 現住所 (07) | <志願者と異なる場合のみご記入ください> | | |
| | 自宅以外の緊急連絡先 (08) | 父の勤務先<br>03 - 0000 - 1234　株式会社○○出版 | | |

09 家族・同居人（本人は除く）

| | 氏名 | 年齢 | 備考 |
|---|---|---|---|
| 保護者 | 合格　優 | 45 | 御校の卒業生です |
| 母 | 合格　秀子 | 42 | |
| 妹 | 合格　桜 | 9 | |
| | | | |
| | | | |

10 志願理由

教育方針（丸で囲み）・校風（丸で囲み）・大学進学実績・制服・しつけ・施設環境
家族に卒業生（丸で囲み）／在校生がいる・その他（　　　）

※この欄の記入は自由です。記入されても合否には一切関係ありません。

| 通っている塾の名前を記入してください。 | |
|---|---|
| ○○○○○○ | |

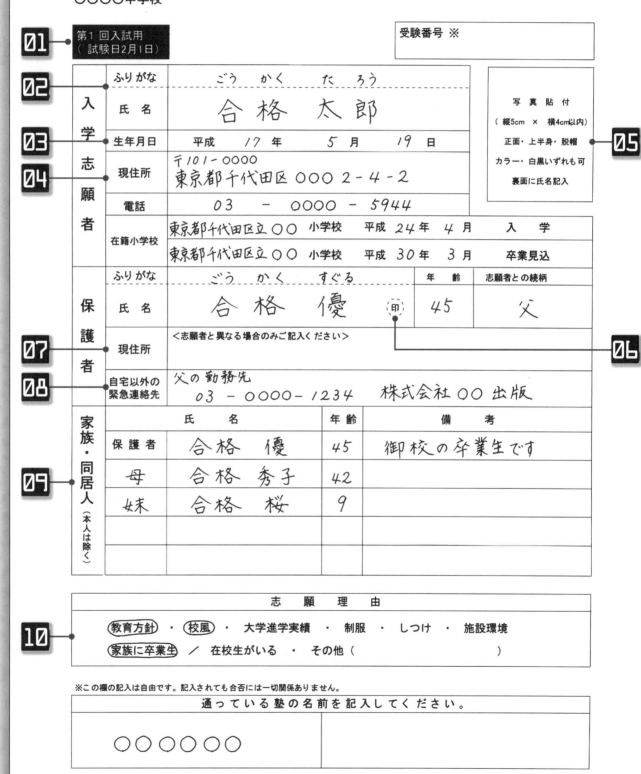

## 記入例B

| 志願者氏名 | 合格 のぞみ |
|---|---|

| | | |
|---|---|---|
| 校内活動 | 部活動 | ミニ・バスケットボール部 |
| | クラス・生徒会での役員名 | 学級委員（小4／小5）<br>児童会副会長（小6） |
| 校外活動 | 出場・出品の大会名その成績 | ミニ・バスケットボール K市大会準優勝（小5）<br>全国児童読書感想文コンクール入選（小6）<br>東京都下水道ポスターコンクール佳作（小5） |
| | 学校生活以外の所属団体名および活動内容 | 「多摩川を守る会・少年少女部会」会員<br>地域のボランティアとして多摩川の自然を保持するために流域の清掃活動などを定期的に行っています。 |
| 趣味・特技・資格 | | ピアノ演奏<br>漢字検定3級（小5時に取得） |

(11 → 校内活動、12 → 校外活動)

| | |
|---|---|
| 志望理由 | 小学校5年生のときから、本人が御校学校説明会やオープンスクールなどに参加させていただきました。そうした折りに在校生のみなさんに接し、「ぜひ、この学校で勉強してみたい」という強い希望をいだくようになりました。両親としても、先生方のお話をお伺いする過程で御校の教育方針に共鳴し、ぜひ娘にこうした良好な教育環境のもとで中学高校時代を過ごさせてやりたいと念願しております（母記入）。 |

(13 → 志望理由)

## 記入例C

14

平成30年度○○○○中学校入学願書

第1回入試用（試験日2月1日）

| 受験番号 | |
|---|---|

| | | | |
|---|---|---|---|
| 志願者 | ふりがな | ごう かく た ろう | 写真貼付<br>（縦5cm × 横4cm以内）<br>正面・上半身・脱帽<br>カラー・白黒いずれも可<br>裏面に氏名記入 |
| | 氏名 | 合格太郎 | |
| | 生年月日 | 平成 17 年 5 月 19 日 | |
| | 現住所 | 〒101－0000<br>東京都千代田区○○○2－4－2<br>TEL 03（0000）5944 | |
| | 在籍小学校 | 東京都千代田区立○○小学校 平成 30 年 3 月 卒業見込 | |
| 保護者 | ふりがな | ごう かく すぐる | 志願者との続柄 |
| | 氏名 | 合格 優 ㊞ | 父 |
| | 現住所 | <志願者と異なる場合のみご記入ください><br>TEL （ ） | |
| | 自宅以外の連絡先 | 連絡先 | 氏名または勤務先（志願者との関係） |
| | | TEL・携帯 03－0000－1234 | ○○出版（父） |
| | | TEL・携帯 090－0000－5678 | 秀子（母） |
| | | TEL・携帯 － － | （ ） |

平成30年度

受験票

第1回入試用（試験日2月1日）

| 受験番号 | |
|---|---|
| 氏名 | 合格太郎 |

平成30年1月　日受付

入学試験時間割

| | | |
|---|---|---|
| 1限 | 国語 | 8:45～ 9:35 |
| 2限 | 算数 | 9:50～10:40 |
| 3限 | 社会 | 10:55～11:35 |
| 4限 | 理科 | 11:50～12:30 |

受験上の注意

1. 試験当日この受験票をは必ず持参し、8時20分までに入室すること
2. 合格手続の際は、この受験票が必要が必要です。

○○○○中学校

### 校内活動 11

書ける範囲でかまわないので、できるだけ記入するようにしましょう。

### 校外活動 12

小1～小6までで該当する活動があれば記入しましょう。

### 志願理由 13

文章は枠からはみださず、なるべく枠を満たすように書きましょう。学校の先生が目をとおすものなので、文体は「です・ます調」にします。入学したい熱意を学校に伝えるべく、学校の教育方針についての共感や、説明会などで学校に足を運んだ際に感じた率直な気持ちを綴《つづ》ってください。どう書けばいいかわからなくなってしまったときは、その学校のどのようなところがいいと感じたのか思いだしてみましょう。

### 切り取り 14

学校で受け付け処理がすんだら返却されます。絶対に自分で切り離さないようにしてください。

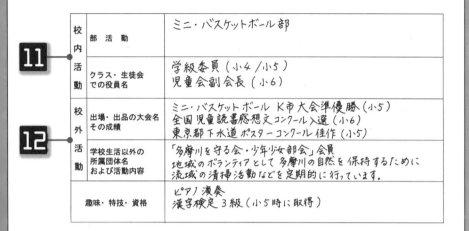

## Check 04 [提出の前に]

### 1校ずつ保管する

願書はコピーやその他の書類とともに、1校ずつ封筒やクリアファイルに入れて保管します。紛失防止にもなりますし、ファイルや封筒に学校名や受験回数を書いておけば、確認も簡単です。

### コピーをとる

記入が終わった願書はコピーをとります。コピーが手元にあれば、いつでも見返すことができます。面接がある学校では、願書の記入内容をもとに質問をする場合も多いので、かならずコピーしておきましょう。

### 記入者以外も確認を

記入が終わったら、記入もれや捺印もれ、誤字・脱字がないかをよくチェックします。この際、記入者以外のかたも確認してください。第三者が見ることで、記入者では気づかないまちがいが見つかることもあります。

## Check 05 [出願方法3パターン]

さぁ、いよいよ出願です。再度募集要項で出願日程や出願方法をチェックし、まちがいのないようにしましょう。とくに受け付け最終日や締め切り時間はよく確認してください。

### 窓口

窓口に提出する場合は、休日の取り扱いや受け付け時間に注意してください。窓口提出のメリットは、その場で願書を確認してもらえることです。記入もれや捺印もれがあった場合に備え、使用した筆記用具・印鑑を持っていきます。なお、ほかの学校名が大きく書かれた封筒やクリアファイルで持っていくことのないように気をつけてください。

### 郵送

願書を郵送する場合は、締め切り日が「必着」なのか、「消印有効」なのかをしっかりと把握しておきましょう。それによって出願可能期間が変わってしまうからです。締め切りぎりぎりであわててしまうと、他校のものを送ってしまうなどのミスをしてしまうかもしれません。日程に余裕を持って郵送しましょう。

### インターネット

近年では、インターネット出願を取り入れる学校も増えています。しかし、インターネットだけで手続きが終わるのではなく、別途書類を郵送したり、受験票を印刷したりする必要がある場合もあります。事前に出願の流れをしっかりと確認しておくことが大切です。なお、入力の際に、コピー&ペースト機能を使ったことで、受験生の氏名を書く欄に保護者の氏名を入力してしまうというミスも起こりえますので注意してください。

# 明　正　強　「明るく、正しく、強く」

**創立から80余年変わらない本校の校訓です。約4万人の卒業生に脈々と流れる伝統を礎に、**
**今それを「明確に正義を貫く強い意志」ととらえ、本校の教育の基本方針に据えました。**
**生徒たちと、次の10年そして100年にむけて、“あたらしい「め」をひらき”大樹に育てていきます。**

## ●学校説明会（予約不要）

11月25日（土）　出題者による入試問題の傾向と対策、ワンポイントアドバイス
1月13日（土）　前回までのダイジェスト

※時間はいずれも 13：45〜15：15

## ●校内見学

見学はいつでも可能ですが、担当者の案内を希望される場合は、事前に申し込みが必要です。
TEL：042ー789ー5535（日・祝を除く）　職員室まで

## [平成30年度入試要項(抜粋)] ※特待制度有り

| | 第1回 | 第2回 | 第3回 |
|---|---|---|---|
| 日程 | 2月1日(木) | 2月2日(金) | 2月3日(土) |
| 募集人数 | 166名 | 80名 | 20名 |
| 試験科目 | 2科(国・算)または<br>4科(国・算・社・理) | | 2科(国・算) |
| 合格発表 | 入試当日にHP・校内掲示 | | |
| 手続き | 2月10日(土)正午まで | | |

（アクセス）JR横浜線・小田急線「町田駅」、京王線・小田急線・多摩都市モノレール「多摩センター駅」、JR横浜線「淵野辺駅」の各駅から直行便および路線バス（急行・直行バスは登下校時のみ運行）

# 日本大学第三中学校

〒194-0203　東京都町田市図師町11ー2375
電話 042ー789ー5535　FAX 042ー793ー2134　URL　http://www.nichidai3.ed.jp/

# 朱に交われば赤くなる！！

～ 本気でがんばる君がいるから、私もがんばれる ～

# 帝京中学校

## 一貫進学コース

部活動や検定をはじめ様々なことに挑戦し、経験しながら、大学進学までの道を歩んでいくコースです。豊富な授業時間で基礎から堅実に学習します。体験が大きく成長する糧となります。学習のみでなく、人としての「のび」に期待してください。

## 一貫特進コース

６年後、難関大学に進学することを目標とした勉学に特化したコースです。授業・補習・講習で基礎から応用まで、幅広く学習します。同じ目標を持つ仲間同士、切磋琢磨していきます。難関大学合格までの学習の「のび」に期待してください。

中学校説明会 ［予約不要（12/16 は要予約）］

11/25(土) 10:00～　　12/16(土) 13:30～ ［要予約］　　1/13(土) 13:30～

帝京中学校
http://www.teikyo.ed.jp

〒173-8555 東京都板橋区稲荷台27番1号
ＴＥＬ． ０３－３９６３－６３８３
●ＪＲ埼京線『十条駅』下車徒歩１２分
●都営三田線『板橋本町駅』下車A1出口より徒歩8分

# 英語が、わたしの言葉になる。

## 「他者理解」——

この言葉には世の中のさまざまな人と共感し、支え合うという理想が込められています。

創立より貫かれてきたこの教育理念、これからも武蔵野は世界で通用するグローバルな人材の育成を目指します。

### 外国人教師による、「英語で学ぶ」
## LTE [Learning Through English]

外国人教師と1つのテーマ(トピック)を英語で考え、英語で発表するワークスタイルの授業を週6時間行います。英語力はもちろん、アイデアや意見の共有、ディスカッション能力など、グローバル社会で必要なコミュニケーションスキルが身につきます。

### 世界への扉をあける
## ニュージーランド3ヶ月留学

現地校1校につき、武蔵野生最大3人という自主性が問われる環境の中で、3ヶ月間過ごします。様々な国の留学生が集うニュージーランドで、生きた英語だけではなく、その国の文化や考え方を身近に感じ取ることができ、よりグローバルな視野で物事を考える力が身につきます。

**入試実施概要**

| 試験日 | 2月1日(木) | | | | 2月2日(金) | 2月3日(土) | 2月7日(水) |
|---|---|---|---|---|---|---|---|
| 入試区分 | 第1回午前 | | | 第1回午後 | 第2回 | 第3回 | 第4回 |
| | 2科型 | 4科型 | 思考型 | 2科型 | 2科型・4科型 | 2科型・4科型 | 2科型・4科型 |
| 募集人員 | 40名 | | | 10名 | 20名 | 10名 | 10名 |
| | 第1学年(男・女)　90名 | | | | | | |

**学校説明会・入試模擬体験・個別相談会**

- 11/18(土) 13：00～　学校説明会
- 12/16(土) 10：00～　学校説明会・入試模擬体験
- 1/13(土) 10：00～　個別相談会

※説明会・イベントへのご参加は予約制となります。本校HP、または、お電話でご予約ください。

※各説明会終了後に、ご希望の方対象に「個別相談」と「施設見学」の時間を用意しております。

# 武蔵野中学校
Musashino Junior High School

〒114－0024　東京都北区西ヶ原4－56－20　TEL：03-3910-0151　FAX：03-5567-0487　http://www.musashino.ac.jp/
アクセス　JR大塚駅・王子駅乗り換え　都電荒川線「西ヶ原四丁目」下車徒歩3分　／　JR巣鴨駅下車　徒歩12分

読んで得する

# 面接試験 虎の巻

*Tora no Maki*

**受験を考えている学校に面接試験があるみなさん。いまから面接のことを心配して、ネガティブになっていませんか？　面接の中身を知っておけば、むやみに怖がる必要はありません。この虎の巻をそうした不安の解消に役立ててください。**

中学入試において、合否は客観的かつ公平な基準で判断するため、多くの場合、学力試験の成績によって決定され、面接を実施する学校は近年、減少傾向にあります。

その理由には、午後入試を導入する学校が増えてきたことが関係します。面接を実施したことで、時間的な制約から他校の午後入試の受験を諦めざるをえなくなってしまった、という状況を避けるため、面接を行わない学校が増えたのです。また、複数の学校を併願する場合、そのつど面接があると受験生に大きな負担がかかってしまいます。面接の廃止はそれを避けるためでもあります。

とはいえ、伝統的なポリシーとして、受験生全員に面接を行う学校もあります。受験校の面接に関する情報はすでにご存じだと思いますが、この機会にもう一度確認しておきましょう。本誌80ページからの「中学受験知っ得データ」にも、面接の有無、重視の程度についての項目があるので、参考にしてください。

## 面接の目的は受験生と先生がふれあうこと

さて、「中学受験知っ得データ」を見てみると、面接を実施する学校の多くは、結果をどれくらい重視するかについて「参考程度」としています。時間も短くて5分程度、長くても15分程度となっています。

こうした回答から、受験生をふるいにかけるために面接を行うのではなく、「入学前に先生とふれあってほしい」「学校をもっと知ってほしい」という学校の思いが感じ取れます。また、入学前に受験生と直接話すことで、教育効果を高められるというメリットもあります。

なかには面接の結果を「重視する」と回答している学校もありますが、そのような学校でも合否に大きくかかわるのは学力試験の結果だといわれています。

ですから「過度に緊張してしまいそうだから」「人前で話すのが苦手だから」などという理由で、面接のある学校を避けるのは非常にもったいないでしょう。面接官の先生も、多くの受験生を見てきているので、緊張している姿には理解をしめしてくれるはずです。それに、ある程度の緊張は表情に真剣さが生まれるため、悪いことではありません。

質問される内容は各校によって異なりますが、なぜその学校を志望したのかという「志望理由」はほとん

## 【受験生への質問例】

- ▶ 名前と受験番号を言ってください。
- ▶ 本校の志望理由を言ってください。
- ▶ 家から学校に来るまでの経路を簡単に説明してください。
- ▶ この学校に以前来たことはありますか。
- ▶ きょうの筆記試験はできましたか。
- ▶ すべての入試が終わったらなにがしたいですか。
- ▶ この学校に入学したら、いちばんしたいことはなんですか。
- ▶ 新しいクラスメイトがいるとして、自己紹介をしてください。
- ▶ 本校のほかに受験している学校はありますか。
- ▶ 長所と短所を教えてください。
- ▶ 好きな科目と苦手な科目はなんですか。
- ▶ 小学校生活で最も心に残っていることはどんなことですか。
- ▶ 小学校で委員会活動をしていましたか。
- ▶ 最近、気になったニュースはどんなことですか。
- ▶ あなたの尊敬する人物はだれか、その理由も教えてください。
- ▶ 最近、どんな本を読みましたか。
- ▶ あなたが大切にしているものはなんですか。
- ▶ 地球に優しいことを具体的になにかしたり、心がけていることはありますか。
- ▶ 将来の夢はなんですか。
- ▶ いままでで、いちばんうれしかったこと、悲しかったことはなんですか。
- ▶ お母さんの料理で、なにがいちばん好きですか。
- ▶ おうちで、あなたが担当しているお手伝いはありますか。それはどんなことですか。
- ▶ ピアノを習っているそうですが、好きな曲はなんですか（習いごとがある場合、それに合わせた質問になる）。
- ▶（面接の待ち時間に「絵本」を渡されていて）絵本を読んだ感想と、その絵本を知らない人に内容を紹介してください。
- ▶ タイムトラベルするとしたら、だれとどの時代に行きたいですか。
- ▶ クラスでいじめにあっている人がいるとします。あなたはどうしますか。

どの学校で聞かれる項目です。志望理由は事前に願書にも記入しているはずですから、願書と異なる理由を答えてしまわないよう、前もって願書のコピーをとっておき、面接前に確認しておくと安心です。

そのほか、よく聞かれるとされる質問項目を上記にまとめましたのでご覧ください。受験生の性格や、ふだん考えていることに関する質問が大半で、特別なことを聞かれるわけではないことがわかります。ご家庭で日ごろからよく会話をしていれば、あわてて面接対策をしなくてもスムーズに答えられるでしょう。

### 面接で気をつけるポイントを事前にチェックしておこう

つづいて、面接での注意点について見ていきましょう。

まずは、質問への回答についてです。さきほど、ふだんご家庭で会話をしていれば答えられる内容が多いというお話をしましたが、だからといって、面接対策に躍起《やっき》になり、回答例を事前につくりこみすぎてしまうのも考えものです。

用意してきた答えを話さなければ…と焦るあまり、面接官の質問を聞き逃してしまったり、質問が終わらないうちに答え始めてしまったりするかもしれません。ある程度の準備は必要ですが、あくまでもその場にいる面接官との会話を大切にすることを肝に銘《めい》じておきましょう。

話し方もポイントです。好ましいのは明るくハキハキとした話し方です。語尾を伸ばし、友だちと会話するように話すのはやめましょう。このような話し方では、いくらいい回答をしても、そのよさが半減してしまいます。ふだんから保護者以外のおとなと話す場合は、きちんとした話し方、言葉づかいで会話できるようにしておきましょう。敬語にも慣れておくといいですね。

面接時の入退室の仕方は学校によって異なりますが、基本動作を覚えておけば、どんなパターンにも対応できます。

入室時にドアが閉まっている場合は、軽くノックをしてから入ります。入室後は一礼をしてイスの左側まで進み、面接官から「座ってください」などの指示があるまで座らないようにしましょう。座るときは背もたれに背中がつかない程度に腰をかけ、あごを引いて背筋を伸ばし、手は膝の上におきます。まわりをキョロキョロ見渡したり、手をむやみに動か

## 【保護者への質問例】

- ▶ 志望理由を教えてください。
- ▶ 本校の印象はどうですか。
- ▶ 本校のことを、どのようにして知りましたか。
- ▶ 本校を含めて、なぜ中学受験をお考えになったのですか。
- ▶ 通学に要する時間（通学経路を含む）はどのくらいですか。
- ▶ お子さまの長所と短所をあげてください。
- ▶ お子さまの性格を教えてください。
- ▶ お子さまの特技はなんですか。
- ▶ お子さまの名前の由来はなんですか。
- ▶ お子さまをほめるのはどんなときですか。
- ▶ 子育てでとくに留意されていることはなんですか。
- ▶ 日ごろ、ご家庭でどんな話をしていますか。
- ▶ 親子のコミュニケーションで気をつけていることはありますか。
- ▶ ご家族でお休みの日はどのように過ごしていますか。
- ▶ ご家庭でお子さまの果たす役割はどんなことですか。
- ▶ ご家庭で決めているルールはなにかありますか。
- ▶ （キリスト教主義の学校の場合）本校はキリスト教主義の学校ですが、そのことについては賛同していただけますか。
- ▶ お子さまの将来について、保護者としてのご希望はありますか。
- ▶ 本校への要望はなにかありますか。

したりすると落ちつきがない印象を与えてしまうので注意してください。

面接終了後は再びイスの左側に立って一礼し、出口で再度礼をしてから静かに退出します。この際、ドアが最初から開いていた場合は、閉めなくて大丈夫です。

また、控え室での態度にも気を配りましょう。面接が始まる前は、静かに落ちついて順番を待ち、面接時の案内や注意事項を聞き逃さないようにしてください。面接後に控え室に戻ったときも、これから面接を受ける受験生のことを考えて静かに行動し、面接の内容について話すことは絶対にやめましょう。

服装はそこまで気にしすぎる必要はありません。学校側は服装によって印象が変わることはないと名言していますし、むしろ、筆記試験後、面接のために着替えることの方が不自然です。お子さんがふだん着慣れている、清潔感のあるごくふつうの服装でのぞみましょう。

それでもどうしても服装が気になってしまうというかたは、男子はセーターにズボン、女子はブレザーにスカートという服装が多いようですので、そのような服装でのぞむと余計な心配をせずにすむでしょう。受験は寒い時期ですので、暖かい服装であることも重要です。

こうした注意点に気をつけながら、事前に面接の練習ができるので、通う塾で模擬面接が行われるのであれば、活用することをおすすめします。

パターン
•1•

受験生のみ【個人面接】

受験生ひとりに対して、面接官1～2名で行われるこのパターンが中学受験では最もポピュラーで、時間は3～5分と短めです。ひとりでのぞむため、大きな不安や緊張感をともなうかもしれませんが、入室方法などの基本動作をよく確認しておき、質問に対して落ちついてハキハキと答えるようにすれば大丈夫です。

# 4形態

パターン
•2•

受験生のみ【グループ面接】

受験生3～6名に対して、面接官2～5名で行われるのがグループ面接です。ひとりずつ順番に質問される形式が一般的ですが、挙手制で回答したり、討論形式で実施される場合もあります。いずれにせよ、ほかの受験生が回答しているときは静かに耳を傾け、答えるのは自分の番になってからにしましょう。

## 保護者面接があっても気負わなくて大丈夫

面接パターンは、「受験生ひとり」「グループ」「受験生と保護者」「保護者のみ」の4種類があります。

保護者面接がある場合、入試要項に「保護者は1名でも可」というただし書きがあれば、「1名でもいいが、2名ならより好ましい」という意味ではなく、1名でもまったく問題はないという意味です。保護者がひとりでもふたりでも、面接には影響しませんので安心してください。

保護者への質問例も57ページにまとめました。志望理由や家庭での教育方針、学校への要望などが多く聞かれるようです。学校側は特別な回答を求めているわけではなく、あくまで保護者のかたの意見を聞く機会としてとらえています。保護者の声を参考にしながら、学校と家庭が協力しあってお子さまの教育にあたっていきたいと考えているのです。

「自分の面接のせいで子どもが不合格になったら…」と不安を感じるかた、「回答した内容について子どもに責められたら…」とプレッシャーを感じるかたもいるかもしれませんが心配無用です。保護者面接も受験生面接と同様、結果が直接合否につながることはありません。面接はお子さまが入学する学校の先生たちと入学前に話せるいい機会だと思って、日ごろ思っていることを自分の言葉で話すようにしましょう。

1点気をつけたいのは、事前に提出した願書やアンケートなどに関する質問がなされたときです。56ページの受験生の面接のところでも触れましたが、それらの書類と異なる内容を話してしまわぬよう、かならずコピーをとり、試験前日に目をとおしておきましょう。

## パターン3 受験生と保護者

このパターンは受験生と保護者に対して、面接官は１～３名であることが多いです。親子関係に注目されるので、保護者と受験生の答えが食いちがったり、受験生への質問を保護者が答えてしまわぬよう注意してください。なお、とくに指示がなければ、保護者の出席はひとりで問題ありません。

# 面接パターン

## パターン4 保護者のみ

面接官は１～２名であることが一般的で、おもに家庭の教育方針や、学校の教育方針への理解について聞かれます。受験生の面接と並行して行われることが多いので、それぞれ異なる回答をしてしまわないよう、事前によく話しあっておきましょう。パターン③同様、とくに指示がない場合は、保護者ひとりの出席でＯＫです。

# 開智未来中学・高等学校

## 中高一貫1期生103名卒業

## 1期生から東京大ほか旧帝大4名 早慶上理ICU26名（昨年比2.4倍増）

### 中高一貫1期生大躍進！

平成23年（2011年）4月開校の開智未来中学・高等学校の中高一貫1期生103名が今春（平成29年3月）卒業しました。東京大学をはじめ、旧帝大4名、早慶上理ICU26名、G-MARCHに56名が合格するなど、昨年までの高校入学生のみの合格実績から大躍進しました。開校以来、開智学園の教育開発校として、「知性と人間を共に育てる」教育を実践した成果といえます。

### 学びのスキルを鍛える

開智未来では、関根校長が開発した「学びのサプリ」の考え方のもと、校長自ら中学3年間「哲学」の授業を担当します。「6つの授業姿勢（ねらい・メモ・反応・発表・質問・振り返り）」、「メモのスキル」、「学び合い」、「世界水準の思考力」、「英語発信力」など、「国際社会に貢献するリーダー」としての資質を高める「学びの基盤」を徹底して鍛えます。

そして哲学の授業で身についた「学びのスキル」が身体化し、日常の授業自体が「アクティブ・ラーニング」となり、質の高い授業で生徒の教科学力と志を育てます。

「関根校長自ら行う哲学の授業」

### 探究活動

開智未来では、「探究」を教育活動の柱の1つとし、フィールドワークをはじめ様々な活動を行っています。

中学1年での「里山フィールドワーク」では、長野県飯山で40ページのスケッチを行い、観察・発見・疑問を通じ「探究」の基礎を磨きます。

中学2年の「ブリティッシュヒルズフィールドワーク」では、オールイングリッシュの生活と英語メモートにチャレンジします。そして中学3年の「探究フィールドワークHプロジェクト」では関西方面で2日間の個人研究を行い、200ページのメモートを完成させます。

今年度は広島で英語の「平和宣言」を発表するなど、生徒の活動もさらにパワーアップしました。

### ≪平成29年度中学校説明会日程≫

| 項目 | 日程 | 時間 | 内容 |
|---|---|---|---|
| 入試対策講座（要HP予約） | 10月21日（土） | 9:00～12:00 | 小学生サプリ 探究型入試対策講座 |
| | 12月16日（土） | 9:30～12:00 | |
| | 11月23日（祝） 12月23日（祝） | 9:30～12:00 | 小学生サプリ ４科入試対策講座 |

## ■平成30年度入試日程　募集定員120名（T未来30・未来60・開智30）

| | 1月10日(水) | 1月11日(木) | 1月12日(金) | 1月19日(金) |
|---|---|---|---|---|
| 午前 | | ＜探究１＞<br>計算基礎・読解基礎・探究(社会) | ＜探究２＞<br>計算基礎・読解基礎・探究(科学) | ＜第２回＞<br>４科または国算英 |
| 午後 | ＜第１回＞<br>２科(国算) | ＜未来A＞<br>３科(国算理) | ＜未来B＞<br>４科または国算英 | |

※未来Ａ・Ｂ………Ｔ未来（特待）・未来クラスをスライド判定します。（未来ＡはＴ未来のみ）
※第１回・第２回…Ｔ未来・未来・開智をスライド判定します。
※探究１・２………Ｔ未来・未来・開智をスライド判定します。基礎力（計算・読解）と、総合的な思考力（社会・科学）を問う入試です。

## 世界水準の思考と英語発信力

開智未来では「身体化する英語」を教科だけでなく、学校全体の取り組みとして掲げています。中学2年生では、「星の王子様」を英語で音読し、9月の文化祭では200ページもの英文をパートごとに感情をこめて暗唱する発表会を行いました。中学2年次で英検準2級以上の取得を目指します。

中学3年と2年で実施する「東大ゼミ」（希望者が参加）では、オバマ大統領が広島を訪問し、スピーチした内容を音読・和訳し、グループごとに戦争と平和についてディスカッションを行い、英語の平和宣言文を作成し広島で発表するという取り組みを行いました。今年度は学年の7割以上が意欲的に参加しています。

「長野県飯山での里山フィールドワーク」

また高校2年での「ワシントンフィールドワーク」（全員参加）では、スミソニアン博物館での自由研究や現地の大学での講義などを体験し、その研究成果についてタブレットを用いながら英語で発表するという取り組みも行います。

さらに希望者に対する「オーストラリア語学研修」、「カリフォルニア大バークレー校次世代リーダー養成研修」など、豊富な海外体験の機会を準備しています。

## つなげる知能：ICT活用

開智未来では、今年度入学生より1人1台のタブレットを導入しました。メモに代表される伝統型知性と、ICT活用の未来型知性を融合させ、より本質的で先進的な学びを目指します。

各教科での効率的な活用だけでなく、各種フィールドワーク・才能発見プログラムなどのレポート・プレゼンテーション・動画などをeポートフォリオとして保存するシステムは、2020年度から導入される新しい大学入試で大いに活用されることでしょう。

## 【新設】国立医系クラスと特待入試

現在校生の中学3年生（5期生）から、高校2年次より「国立医系クラス」を新設します。医学部志望の在校生に対し、受験対策だけではなく医師を目指すための志や資質を磨く取り組みも開発していきます。

また、平成30年度（2018年度）中学入試では、未来A入試（1月11日午後）を国・算・理の3教科とし、合格者は全員特待生という入試を実施します。

高い志を持った生徒が入学し、開智未来の教育を受けることで、将来、各分野のリーダーとして活躍してくれることを願っています。

# 欠かせない体調管理

# 万全の状態で受験本番を迎えよう

入試本番に向けて、受験生、そしてそのご家族も一丸となってがんばっておられることでしょう。万全の状態で試験当日を迎えるためにも、体調の管理が大切になってきます。これからの季節、気をつけたい病気や疾患についての知識・対処法、そして、予防法もご紹介します。

医療法人社団裕健会理事長　神田クリニック院長　馬渕浩輔

## 1 インフルエンザ

病気のなかでも、例年12～3月に流行するインフルエンザは、受験生やそのご家族にとって最も避けたい病気です。

インフルエンザとは、インフルエンザウイルスによって引き起こされる病気で、A型、B型、C型、新型に分類することができます。A型、B型、新型は大きな流行を引き起こしますが、C型は軽症である場合がほとんどです。

インフルエンザと風邪との大きなちがいは、急激な発熱の有無です。インフルエンザは、38度以上の高熱に加えて、悪寒や激しい関節痛などの全身症状が見られます。適切に治療を行わないと1週間ほど熱がつづき、さらに悪化すると、さまざまな合併症を引き起こす可能性があるので注意が必要です。

## 治療するには?

### 潜伏期

インフルエンザの潜伏期は1～4日程度と言われています。発症から48時間以内に抗インフルエンザ薬を投与することで、症状を大きく改善でき、熱に関しては2～3日で下がることがほとんどです。もし急な発熱があったときは、なるべく早い時期に医療機関を受診するようにしてください。

もし発症から48時間を超えてしまったとしても、かならず医療機関を受診するようにしてください。強く症状がでている場合、受診先の医師が必要と判断すれば抗インフルエンザ薬を投与することもあります。使わなくても、症状を緩和するといった治療が中心となりますので、そうした場合も医師の指示に従いましょう。症状のうち、発熱やのどの痛みは、薬局などで購入できる市販薬で和らげることはできますが、それでは根本的な治療にはなりません。

そして、発症し、寝込んでしまっているときでも食事を欠かさないことがとても大切です。食事をしっかりとらなければ免疫力が低下し、結果的にウイルスを身体から追いだす力も弱くなってしまいます。

### 投薬

抗インフルエンザ薬としては「タミフル」がよく知られています。以前、服用後の異常行動や副作用などで問題となったことがありましたが、若い人のインフルエンザ治療には、現在ではタミフルよりも吸入タイプの「イナビル」や「リレンザ」といったものが主流です。

２００９年（平成21年）から使われるようになったイナビルは、1回吸入すればいいというものです。リレンザは5日間吸入しなければならなかったのですが、イナビルだと1

度ですむうえに、吸入も中学受験をする小学生であれば、問題なくできます。これまでのところ、副作用についての大きな報告もとくにないため、イナビルを使うことが多くなっています。

吸入薬のほかに、点滴薬で「ラピアクタ」というものも使われています。1回点滴静注するだけで効果が得られます。吸入がうまくできないお子さまにおすすめです。

### ●予防ワクチン

インフルエンザの予防に最も効果的とされているのがワクチンの接種です。このところ、A・B・新型の3種混合のワクチンを接種することができますので、新型に対して改めて接種する必要はなくなっています。ただ、13歳以下のお子さまに関しては免疫力が低いため、2回打つ必要があります。

これまで3価（A型2株、B型1株）であったワクチンが、一昨シーズン（2015～2016年）から日本でも4価（A型〈ソ連型・香港型〉、B型〈山形系統・ビクトリア系統〉）のインフルエンザワクチンが使われることになりました。

これにより、流行するインフルエンザのタイプをかなり網羅することができるようになります。それでも、近年は抗ウイルス薬に耐性を持ったインフルエンザウイルスが出現しています。

このような状況からも、インフルエンザの予防接種を受けることをおすすめします。

また、ワクチンは接種してから効果がでるまでに約2週間、そして有効期間は約5カ月と言われています。そうしたことから、受験予定のご家庭では、年内のできるだけ早いうちに1回目を打ち、年が明けた1月に2回目を打つのがよいでしょう。また、今年はワクチンが不足する可能性があるので、早いうちに医療機関に確認してみてください。

### ●完治の目安

インフルエンザは、完治までに原則的には発症翌日から7日間、そして解熱後2日間かかるとされています。発症したあと、早めの処置で抗インフルエンザ薬を使用することで、2～3日で解熱でき、その後、関節の痛みもとれてきます。だからといって、それで全快と考えて気軽に外出することは控えるべきでしょう。

なぜならば、イナビルなどの抗インフルエンザ薬を使用すると、ウイルスは急速に減りますが、けっして「ゼロ」になるわけではないからです。菌はまだ残っているため、その状態で外出すると、インフルエンザの菌を外にまき散らすことになります。

### ●気をつけたいポイント

インフルエンザによる高熱を下げようとするときに気をつけなければならないのが、ロキソニンやアスピリンなどの解熱剤をお子さまに投与することです。副作用として、脳症など脳の問題を引き起こす場合があります。絶対にしないようにしてください。

どうしても解熱剤が必要であれば、その際は医療機関の診断を受けて、アセトアミノフェン（商品名：カロナール）などの薬を処方してもらいましょう。

## 2 風邪

RSウイルスやアデノウイルス、ライノウイルスなどの感染症を総称して「風邪症候群」と呼びます。これがいわゆる「風邪」です。おもな風邪の症状としては鼻水、鼻づまり、咳《せき》、痰、のどの痛みなどがあります。インフルエンザとはちがって、発熱してもそこまで高熱にはなりませんので、1週間以上そうした症状がつづくようであれば、別の病気の可能性がでてきます。

　こうしたウイルスのなかでも、最近はRSウイルスが流行しています。

　小さなお子さまがRSウイルスにかかると、ときとして重症化することがあります。中学受験生ぐらいの年齢になればあまり重症化はしませんが、咳や発熱がひどいときは医療機関を受診しましょう。

　風邪は、インフルエンザとちがって抗ウイルス薬はありません。自然に治ることがほとんどです。

　風邪にかかってしまった場合は、身体をよく休め、睡眠と食事（栄養）をきちんととることが大切です。また、脱水症状には気をつけましょう。水分補給を忘れないようにしてください。

## 3 マイコプラズマ肺炎・百日咳

風邪と思っていても、咳が1～2週間つづくようであれば、マイコプラズマ肺炎や百日咳の可能性が疑われます。

　このようなときは、医療機関で診察を受けるようにしましょう。

　乾いた咳がつづくのがおもな症状ですが、微熱をともない、それが長引くこともあります。悪化すると、肺炎や髄膜炎を起こすこともあると言われていますから、やはり注意が必要です。

## 4 ウイルス性腸炎

この時期はノロウイルス、ロタウイルス、アデノウイルスなどのウイルスが原因となって引き起こされるウイルス性の腸炎にも要注意です。

　急激な吐き気、おう吐、腹痛、下痢などがおもな症状です。

　なかでも有名なノロウイルスはカキなどの二枚貝に存在すると言われています。しかし、貝類を食べなければ大丈夫、というわけではないので注意してください。こうしたウイルスは吐物や便器、水道の蛇口などに付着していることが多いため、このような場所をつねに清潔にしておくことが予防につながります。

## 風邪について知っておきたいこと

**Q：お風呂には入れますか。**

**A：** 高熱の場合は避けた方がよいですが、絶対に入ってはいけないということはありません。37度程度の微熱であれば、清潔にするという観点からも、汗を流したりするためにお風呂に入ってもかまいません。ただ、長風呂にならないように気をつけてください。

**Q：水分はどれぐらいとるべきですか。**

**A：** 脱水症状を起こさないためにも水分補給は欠かせません。お子さんの尿の回数が減ったり、尿の色が濃くなってきたら要注意。脱水を起こしている可能性がありますので見落とさないように注意しましょう。
発熱がある場合は、水だけで少なくとも1日に1.5Lはとりましょう。

**Q：市販薬でどの程度まで大丈夫なのでしょうか。**

**A：** 鼻水、咳、痰がでる程度であれば、市販薬でも最初は問題ないでしょう。ただ、2、3日使っていても症状が改善しないときは、医療機関を受診した方がよいでしょう。

**Q：病院で病気に感染することもあると聞きました。**

**A：** 小児科にはこれからの時期、多数の患者さんが来院しますので、やはり待合室で感染するということもありえます。
ですから、かなりの高熱だったり、インフルエンザが明らかに疑われるようなときは、まず小児科に連絡して、どういう対策を取った方がよいか相談するのがいいでしょう。また、いずれにせよ、医療機関に行く際は、まず電話をしてみることをおすすめします。感染予防だけではなく、待ち時間の問題があるからです。こうしたことも医療機関ごとにちがいがありますので、一度は連絡をとってみてください。

# いますぐ始める予防法

紹介してきた病気のうち、インフルエンザや風邪は、ウイルスが飛んでくることで感染（飛沫感染と言います）します。そうした病気の予防には、できるだけくしゃみや咳を直接浴びないようにすることが重要です。学校や電車などの公共交通機関をはじめ、人が多くいるところで感染することが多いので気をつけましょう。

## 予防法 その1 手洗い

外ではどうしてもいろいろなものを触るため、手指に菌がつくのを防ぐことはできません。そのぶん、手洗いをする際に指や手のひらといった大きな部分だけではなく、指と指の間なども忘れずきちんと洗うことが大切です。

## 予防法 その2 うがい

うがい用には、「イソジン」などさまざまなうがい薬が市販されていますが、これらを使わなければいけないということはありません。真水でもじゅうぶん効果があるので、どちらにせよ帰宅時にはうがいをする習慣をしっかりとつけましょう。

## 予防法 その3 マスク

ウイルスはとても小さく、マスクの穴をとおることもありますが、直接飛沫を浴びることを防げます。同時に、インフルエンザウイルスは乾燥しているところを好むため、マスクをすることで、のどの湿度があがるため、その予防にもなります。

## 予防法 その4 加湿

のどや鼻の粘膜が乾くと、ウイルスなどを防ぐ身体の働きが弱まってしまいます。この季節はとくに空気が乾燥しますから、加湿機を使ったり、器に水を張ったり、室内に洗濯物を干したりと、ご家庭で工夫して加湿をしましょう。

## 予防法 その5 タオルの共有は×

ご家庭でうがいや手洗いをしたあとに使うタオルの共有はやめましょう。ペーパータオルや、それぞれでタオルを用意したりして使うようにしましょう。なぜなら、タオルを共有することによって家族内で感染することがあるからです。

# 「入試の朝」どんな声をかける?

「試験当日はどんな声かけをしたらよいのですか」と悩まれるご父母もおられます。お子さまの性格を最も知っておられるお父さま、お母さまご自身がその答えをお持ちのハズなのですが、それでも「困った」というご父母のために、先輩パパ、ママたちがかけてきた効果的な「声かけ」をまとめてみました。

## 親子が離れるのはどの時点か事前に知って調べておくこと

入試当日、保護者と受験生が、その学校のどこで別れることになるのかを、事前に調べておきましょう。

心の準備が足りず、いつのまにか別れてしまい、声をかけられず、子どもの背中しか見られなかった、では悔いが残ります。

「えっ、ここで最後なの」と、あわてていると「言葉足らず」になって悔いが残りがちです。

学校説明会などで案内があるはずですから、どこで親子が別れることになるのかを調べておきましょう。

## 家族の温かさそのままにいつもと変わらない朝を

受験当日、最も大切なことは、お子さまがリラックスし、いつもどおりの調子で入試会場に向かえるようにすることです。

ですからご家族は、ふだんと同じようにご本人と接してあげることがとても大切です。

持てる力を発揮できることを信じて、温かく送りだしてください。そして、「よし、やるぞ」「大丈夫だ！」と自らを高めて、志望校の門をくぐってくれれば成功です。

では、リラックスのために、自宅をでる前や、校門前で受験生が会場に向かう直前に、親は子どもにどんな言葉をかけたらよいのでしょうか。

試験にはお母さまがついていき、お父さまは会社に、というかたちがふだんどおりのことなら、お父さまは玄関で、「いつもどおりにな」のひと言でよいのです。

入試会場で別れるときのお母さまも、「がんばれ」の言葉より、満面の笑顔で「大丈夫よ」と言ってあげた方が大きな力になるでしょう。

小学校6年生になっても、子どもは子どもです。ご家族、互いの笑顔がお子さまのリラックスを呼び、いつもと変わらない精神状態で試験に向かうことができます。そのやりとりは、これまでの12年間、親子のきずなとなってお子さまの身にしみついています。身体で心で、それを思いださせてあげてください。

それぞれのご家族、それぞれのお子さまにあった言葉があるはずです。まずはそれを考えましょう。

「試験問題を楽しんできてね」という声かけ、「大丈夫、これまであなたはがんばってきたのだから」という声かけもあれば、ただ「ここで待ってるからね」という言葉で安心感を与える方法もあります。

短い言葉しかかけられないかもしれませんが、心がこもっていればそれでいいのです。お子さまの心には、じゅうぶん響くはずです。

## 満面の笑顔がなによりの贈りもの

そのとき、お父さま、お母さまは、会場に向かうお子さまの背中を、まさに万感の思いで見送られることでしょう。まだ合否がでているわけでもないのに、この2年、そしてこの1年、さらにこの1カ月のお子さまの努力や、ともにした苦労が、まさに走馬燈のようにめぐって、目頭が熱くなることもあるでしょう。

お子さまの成長をしっかりと感じとれる瞬間でもあります。もう胸がいっぱいです。

結局は結果はどうあれ、「きょう、すべてをだしきってきなさい」という思いを笑顔にこめましょう。それが声かけの究極の極意です。

そして、入試を終えて、待ち合わせ場所に現れたお子さまがどんな表情をしていようと、また、満面の笑顔で迎えてあげてください。

## 試験中のアドバイスは前日のうちにすませる

当日の「声かけ」で、最後のアドバイスとして注意事項をあげたくなるお父さま、お母さまもおられます。

「あわてない、あせらない」

「やさしい問題からやるのよ」

「最後の最後まで諦めちゃダメよ」

「ミスしても切り替えて、つぎの科目でがんばればいいからね」

「むずかしいと思う問題は、ほかの子にとってもむずかしいのさ」

「休み時間に友だちが話しかけてきても、終わった問題のことは話をしないようにね」

「満点はいらないのよ。60%の正解でじゅうぶんなんだから」などといった言葉をかけたくなるものです。

しかし、これらのすべてを口にだすわけにもいきません。当日の朝では、せいぜいこのうちのひとつかふたつしか言葉にできないでしょう。

細かなことをたくさん声にすれば、受験生本人にプレッシャーをかけてしまうことにもなりかねません。

試験に際して注意すべきこのようなことは、前日の晩にでも互いに確認しながら声にだしておき、当日の別れ際には、前のページで述べたような、メンタルに特化した声かけをした方がリラックスできるでしょう。

前日に話すような注意事項は、お子さまがこれまでの模擬試験などで失敗したことを参考に箇条書きにしておけばよいと思います。

その例を列挙しましょう。

❶受験票の番号を確認しながら、受験番号を記入すること。

❷試験官の「はじめ、やめ」の指示に確実に従うこと。

❸消しゴムや鉛筆を落としたときには、手をあげて指示を受けること。

❹机の上には、必要なものだけ置くこと。

❺最初の1～2分間、問題にざっと目をとおし、できると思った問題からやること。

❻それぞれの問題にかける時間を配分してから問題を解き始めること。

❼落ちついて問題を読み、どんな条件があり、なにを求められているのかを判断してから解き始めること。

❽条件や求められていることに線を引いたり、印をつけること。

❾わからないと思ったら、すぐに気持ちを切り替えて、別の問題に移ること。

❿1問終えたら時計で進みぐあいを確認し、時間配分をやりなおすこと。

少し考えるだけでも、これほどたくさんのアドバイスがでてきてしまいますが、前日に話しあって頭に入れておけば、当日はメンタル面重視の「声かけ」だけでじゅうぶんになります。入試当日までできたら、もう、やるべきことはすべて終えています。あとは「なにが起きても大丈夫」とデンとかまえて、お子さまを送りだしましょう。

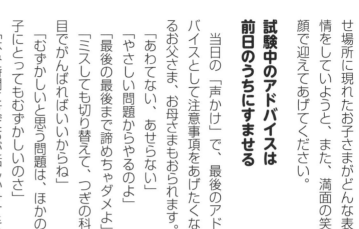

本番までに要チェック！

# 試験当日の過ごし方ガイド

試験を間近に控えたいまの時期に読んでほしいのが、試験当日の過ごし方についてまとめたこのコーナーです。さまざまな悩みに関するQ＆Aを載せていますので、準備万端だというかたも、まだ準備不足だというかたも、本番までにぜひチェックしておいてください。

## Q1 Question

### 試験当日すっきりめざめるには？

## Answer 1A

### いまから早寝早起きを心がけよう

脳は起きたらすぐ活発に動くわけではありません。活発に動き始めるのは、一般的に起床３時間後くらいからと言われています。そのことを考慮に入れたうえで、試験開始時間から逆算して起きる時間を設定しましょう。

なかには、朝早く起きるのが苦手な人や、夜遅くまで勉強して朝はゆっくり起きるというスタイルの人もいるかもしれません。でも、試験当日に力をじゅうぶん発揮するためには、夜早めに就寝し、朝型の生活に切り替えていくことをおすすめします。

試験当日だけ早起きしても、睡眠不足で実力がだしきれないおそれがありますから、いまから少しずつ早寝早起きを心がけていきましょう。最初は慣れないかもしれませんが、目安として、冬期講習が始まるころまでにはこうした生活習慣が身についているといいですね。

## Q2 Question

### 電車が遅れたときにとるべき行動は？

## Answer 2A

### 焦らず遅延証明書を受け取りにいこう

試験会場へは、原則として電車やバスといった公共交通機関を利用して向かいます。もし試験当日、悪天候やトラブルによって交通機関の運行ダイヤが乱れてしまった場合は、あわてず落ちつくことが大切です。

不測の事態に対しては、別室で遅れたぶんの時間を繰り下げて受験させてくれたりと、学校側も配慮してくれますから、焦る必要はありません。駅に着いたら、まずは駅員が配っている遅延証明書を受け取りにいき、それを試験会場へ持っていけばOKです。

このように学校側も配慮してくれるとはいえ、試験当日は早めに家を出発しておいた方がいいでしょう。集合時間の30分前ぐらいに学校に到着するように自宅をでるようなスケジュールを立てておけば、万が一のときも余裕をもって行動できるはずです。

## Q3 Question

### 自家用車で送迎してもいい？

## Answer 3A

### 車での送迎は控えて

「満員電車に乗っていくよりも負担が少ないから」「父親がたまたま仕事を休めたから」と自家用車を利用して試験会場へ受験生を送っていこうと考えている保護者のかたもいるかもしれません。受験生の体調や心情などを考慮しての考えだと思いますが、車を使ったせいで思わぬ渋滞に巻きこまれてしまうこともありえます。

多くの学校では「車での送迎は控え、公共交通機関を利用してほしい」というお願いを事前に伝えています。そのため、Ｑ２で述べたような公共交通機関の遅れ以外は遅延理由として認めない場合が多いです。それに、試験前のトラブルは受験生のメンタルに悪影響をおよぼしかねません。よかれと思って友だちを乗せてあげるのも、もしものことを考えたら避けるべきです。試験当日はかならず公共交通機関を利用してください。

## Q4 Question　Answer 4A

### 会場にひとりで行かせて大丈夫？ ▶▶ 保護者がつきそうように

受験生のみなさんは、今回初めて「受験」というものを経験しますから、これまで感じたことのない不安を抱えているはずです。そんなとき、保護者のかたがいっしょに登校してくれればどんなに心強いでしょう。

前述したように、電車やバスなどの公共交通機関がトラブルによって遅延したり、朝の通勤ラッシュで思うように身動きがとれないときも、保護者のかたがそばにいてくれれば安心です。

自分はひとりで登校しているのに、まわりはみんな保護者といっしょに登校している…といった光景を目にすれば、たちまち不安が募ります。試験に合格して中学生になれば、毎日ひとりで登校することになりますが、「受験」の時点ではまだ小学生です。受験生が安心して試験にのぞめるよう、いっしょに登校してあげてください。

## Q5 Question　Answer 5A

### もし当日ぐあいが悪くなったら？ ▶▶ 先生に相談し、その判断に従おう

試験に向けて、マスクをして風邪を予防したり、病院で予防接種を受けたりと、どのご家庭でも体調管理には万全を期していることでしょう。それでも残念ながら、試験当日に体調を崩してしまった場合は、会場にいる先生がたに相談しましょう。多くの学校では、体調不良の受験生のために、保健室などの別会場を用意していますから、そこで試験を受けることができます。別室で受験したからといって、試験時間が短くなったり、点数が減点されたりと、不利益を被《こうむ》ることはありません。合否はあくまでも通常の試験を受けたときと同じように判定されますから、無理は禁物です。

また、咳《せき》などがひどく、ほかの受験生に影響があると判断され、学校側から別室受験をすすめられた場合はその指示に従いましょう。

## Q6 Question　Answer 6A

### 休み時間のじょうずな過ごし方は？ ▶▶ トイレや気分転換の時間にあてよう

同じ学校を受験している友だちがいる場合、休み時間に答えあわせをしたくなる人もいるでしょう。でもそこをぐっとこらえて、休み時間は気持ちを切り替えたり、つぎの科目に備えたりと、なるべくひとりで過ごすようにしましょう。友だちと答えあわせをしたとして、お互いの解答が異なっていたり、自分が解けなかった問題を相手が解けていたりしたら、心を乱されて、つぎの科目の試験に悪影響がでるおそれがあります。それはお互いのためになりません。入試は１科目の結果ではなく、全科目の合計で合否が判断されますから、自信のない科目があったとしても、ほかの科目で挽回すればじゅうぶん合格できるはずです。

そして意外と忘れがちなのがトイレです。時間が経つと混んでくるので、早めに行くことをおすすめします。

## Q7 Question　Answer 7A

### どんなお弁当をつくればよい？ ▶▶ ボリュームと消化のよしあしに注意

午後にも試験を行う学校を受験する場合は、お弁当を持参します。保護者のかたのなかには、午後の試験への応援の意味もこめて、豪華なお弁当をつくりたいと考えているかたもいるかもしれませんが、不安や緊張を抱えている受験生は、いつもより食欲がない可能性もありますから、ボリュームには気をつけたいものです。ふだんと同じ量、もしくはふだんより少なめでもいいかもしれません。また、胃もたれを防ぐために、おかずはできるだけ消化のいい食材を使ったものがいいでしょう。

お弁当以外におすすめなのは、お茶やスープなどの温かい飲みものです。ただでさえ寒い時期に、緊張でさらに身体は冷えているでしょうから、温かい飲みものを飲めば、身体も心も温まるはずです。保温機能のある水筒に入れて持たせてあげてください。

## Q8 Question　Answer 8A

### 保護者はどこで待機するの？ ▶▶ 控え室などで受験生を待とう

多くの学校では、受験生につきそって登校した保護者のかたが待機できるような部屋やスペースを用意しています。受験生の試験が終わるまでそうした控え室や待機スペースで過ごし、試験終了後に受験生と合流します。長丁場になりますから、本を持参するなどして、待ち時間を過ごせるよう準備していくといいでしょう。

ただし例外もあります。シティーホテルなど、学校以外の場を会場とする地方の私立中（寮完備）の首都圏入試では控え室自体がない場合があり、また小規模な学校では、部屋数に対して受験生が多く、保護者が控え室に入りきらないこともあるようです。そうした場合はほかの場所で待機することになりますから、控え室が使えない場合は試験のあとにどこで待ち合わせるのかを事前にお子さんと話しあっておくと安心です。

## Q9 Question　Answer 9A

### 午後入試のメリット、デメリットは？ ▶▶ 2校受けられるぶん負担も2倍に

メリットは、試験日がかぎられているなかで、1日に2校受験できる点、つまり1日を有効に使える点です。近年、午後入試を導入する学校が増えてきていることからも、ニーズが高まってきていることがうかがえます。

一方デメリットは、1日に2校受けることで、疲労も2倍になるという点です。すでに述べたように、初めての受験で感じる不安や緊張、移動による疲れなど、体力的にも精神的にもこれまで経験したことのない負担がのしかかります。また、2校ともその日の夜に合格発表が行われるとして、万が一どちらも不合格だった場合は、2倍のダメージを受ける可能性もあります。

あくまでも試験を受けるのは受験生本人ですから、お子さんの性格や体力なども考慮したうえで、親子でよく相談してから決めましょう。

## Q10 Question

### 子どもが落ちこんで戻ってきたら？

## Answer 10A

### 受験生の気持ちに寄り添ってあげて

　試験を終えた受験生が戻ってきたら、保護者のかたは明るく出迎えてあげてください。たとえ「思うように実力がだせなかったから合格している自信がない」などと泣きながら戻ってきたとしても同様です。

　保護者のみなさんは、お子さんがどれだけ努力してきたか知っているからこそ、いっしょに落ちこんでしまいそうになったり、「家ではできていたのにどうしてできないの」と責めたくなってしまうかもしれません。でも、一番悔しくてつらい思いをしているのは受験生本人です。しかったり、プレッシャーを与えたりするのではなく、できた部分をほめたり、「まだ結果はわからないよ」などとポジティブな言葉で励ましたりと、受験生の心に寄り添うようにしましょう。そうした保護者の支えが、受験生にとってなによりの力になるはずです。

## Q11 Question

### 試験終了後の夜にすべきことは？

## Answer 11A

### 勉強は軽めで休むことを優先して

　首都圏の私立中学入試は日をおかず連続的に行われます。そうしたハードスケジュールを乗りきるためにも、試験を終えた日の夜は、しっかり心と身体を休める時間をとりましょう。つぎの試験に向けて勉強したいと考える受験生もいると思いますが、試験の疲れは自分が思っている以上に大きいものです。そんなときに勉強してもかえって逆効果ですから、じゅうぶんに休んだあとで時間に余裕があるならば、気になるところの再確認や、重要事項の見直しなど、負担にならない程度の軽めの勉強をするようにしましょう。

　また、その日の試験が思うようにできなかった場合、夜の間に気持ちを切り替えておくことも大切です。終わったことは終わったことだと、つぎの試験に目を向ける時間としても有効活用していきましょう。

## Q12 Question

## Answer 12A

### 合格発表の日に気をつけることは？ ▶▶ 結果に一喜一憂しすぎないことが大切

試験には合格、不合格という結果がついてきますが、その後にある試験のことを考えると、結果には一喜一憂しないという心がまえをして、合格発表を見ることが大切です。とくに気をつけてほしいのは、試験当日の夜に行われるWEB上での合格発表です。合否によって、翌日の試験に影響がでてくる可能性があるからです。

たとえば不合格だった場合、お子さんはかなり落ちこむでしょうから、その結果を引きずらず、つぎの試験に向けて気持ちを切り替えさせることが必要になってきます。一方、合格していた場合は、必要以上に気持ちが高ぶってなかなか寝つけなかったために、翌日の試験を寝不足で迎えてしまう…ということもありえます。いずれにしても、終わった試験の合否がどうであれ、意識をつぎの試験に向けていきましょう。

## Q13 Question

## Answer 13A

### 受験票を忘れたときの対処法は？ ▶▶ 戻るか進むか臨機応変に対応を

入試においてとても大切な受験票。忘れものを防ぐために、左ページの「持ちものチェックリスト」を受験する学校ぶんをコピーして、そのつど確認することをおすすめします。しかし、だれでも失敗はあります。万が一忘れてしまったり、他校のものを持っていってしまったときのための対処法も確認しておきましょう。

まず、出発してすぐに気づいたときは自宅に取りに戻っても大丈夫でしょう。ただ、ある程度進んでしまった状態で気づいた場合、たとえば電車に乗ってしまったあとであれば、取りに戻ったことで遅刻してしまうこともありえますから、そのまま会場へ向かう方がいいでしょう。そして、会場に着いたら、係の先生に相談します。忘れたことが合否に関係することはありませんし、ほとんどの場合受験も認められますから安心してください。

月　　　日(　)

中学校用　　　受験番号

| 項　目 | 必要 | チェック | 備　考 |
|---|---|---|---|
| 受験票 | | | 他校のものとまちがえないこと |
| 筆記用具 | | | 鉛筆・ＨＢを６～８本。鉛筆をまとめる輪ゴム。小さな鉛筆削りも。シャープペンシルは芯を確認して２本以上 |
| 消しゴム | | | 良質のものを３個。筆箱とポケット、カバンにも |
| コンパス | | | 指示があればそれに従う |
| 三角定規 | | | 指示があればそれに従う |
| 参考書・ノート類 | | | 空いた時間のチェック用。お守りがわりにも |
| 当該校の学校案内 | | | 面接の待ち時間に目をとおしておくとよい |
| メモ帳 | | | 小さなもの。白紙２～３枚でも可 |
| 腕時計 | | | 電池を確認。アラームは鳴らないようにしておく |
| お弁当 | | | 食べものの汁が流れないように。量も多すぎないように |
| 飲みもの | | | 温かいお茶などがよい |
| 大きな袋 | | | コートなどを入れて足元に |
| ハンカチ・タオル | | | ２枚は必要。雨・雪のときはタオル２枚も |
| ティッシュペーパー | | | ポケットとカバンのなか両方に |
| 替えソックス | | | 雨・雪のときの必需品 |
| カバン | | | 紙袋は不可。使い慣れたものを。雨のとき、カバンがすっぽり入るビニール袋も便利 |
| お　金 | | | 交通費等。つき添いだけでなく本人も |
| 交通系ICカード | | | Suica、PASMOなど。バスや電車の乗りかえに便利 |
| 電話番号<br>(なんらかの<br>事態発生時のため) | | | 受験校（　　　　　　　　　　）<br>塾（　　　　　　　　　　）<br>家族携帯（　　　　　　　　　　） |
| 上ばき | | | スリッパは不可。はき慣れたものを |
| 雨　具 | | | 雨天の場合、傘をすっぽり入れられるビニール袋も |
| お守り | | | 必要なら |
| のどあめ | | | 必要なら |
| 携帯電話(保護者) | | | 緊急連絡用。ただし試験場には持ちこまない |
| 願書のコピー<br>(保護者) | | | 面接前にチェック。願書に書いた内容を聞かれることが多い |
| ビニール袋 | | | 下足を入れたりするのに便利 |
| カイロ | | | 使わなくとも持っていれば安心 |
| マスク | | | 風邪の予防には、やっぱりこれ |
| | | | |

＊必要受験校数をコピーしてご利用ください。

## 新刊案内　受験生を持つ親に贈る グローバル教育出版の本

### 子育てのベテランがつづった

A5判　256ページ
並製　ソフトカバー
定価:本体2,000円＋税
ISBN978-4-86512-118-6

●淡路雅夫 著

# お父さん　お母さん 気づいていますか？ 子どものこころ

**娘の気持ち 息子のホンネ**
気づいていますか

進学校の教員、校長として、いつも中高生のそばいた著者が「子育てに流《は》行《や》りはない」という持論を幹に、ご父母に語りかけます。「これからの社会は、ますます子育てに正解のない時代になります。親は、子どもに寄り添いながら、自分の生き方も考えていかなければならない時代です。社会の一員として、新しい時代にふさわしい子どもの学力や社会的人材を育成する意識を持って、子どもを育ててほしいと願っています」……………淡路雅夫

淡路 雅夫（あわじ　まさお）淡路子育て支援教育研究所主宰。國學院大学・同大学院修了。私立浅野中学・高等学校（神奈川県）の校長歴任後、大学で教員志望学生への教職アドバイザーを務める。講演、執筆活動を通して私学支援を行う。専門分野は子どもの教育・福祉を中心とした家族・親子問題。著書に『児童福祉概論』（八千代出版）、『人に育てられて生きる』（社会評論社）、『お母さんにはわからない思春期の男の子の育て方』（中経出版）、『先生! 子どもが元気に育っていますか?』（弊社）その他。

- **第1章**　子どもの育つ環境が変わっていることに気づいて
- **第2章**　親の生活格差の拡大と子どもの生活
- **第3章**　子育ては、対症療法の指導から教育的対応の時代へ
- **第4章**　伸びる子どもには、共通点がある
- **第5章**　子どもに豊かなキャリアを
- **第6章**　女性の時代と人生100年の学びを
- **第7章**　子どもを育てるのは何のため
- **第8章**　親が気づかない「子どもの心」

※第８章では、本書の半分のページを割いて、親が具体的に直面する、身近な課題、疑問など約30の問題について取り上げ、著者が「Q＆A方式」で答えます。あなたへの答えが、きっとここにあります。

ご注文ダイヤル ☎03-3253-5944　インターネットでの注文も承っております。http://www.g-ap.com/　**グローバル教育出版**

# 合格カレンダーをつくろう

中学受験では、いくつかの学校を受ける場合がほとんどです。ある志望校を何回も受けることもあります。

各学校には、それぞれ出願、入学試験、合格発表、入学手続きの日が設けられ、かぎられた約１週間の間に、つぎつぎと締め切り日がやってきます。

ある学校の入試日と、別の学校の合格発表日が重なることはごく当然に起こりえます。

日程を整理し、理解しておかないと思わぬアクシデントにつながります。とくに、合格発表日と他校の入学手続き締め切り日が重なる場合は、それこそ30分、１時間のうちに結論をだしてつぎの行動に移らなければなりません。

手続きを延ばし、入学金の延納を認める学校もありますが、全部の学校がそうというわけではありません。

その日は、だれがどう行動するかなど、家族間で細かく打ちあわせておくことが大切です。

その日になって「Ａ校の合格発表を見てから向かったのでは、Ｂ校の入学手続きに間に合わないことがわかって、大あわてした」などのまちがいを防ぐのに役立つのが、入試スケジュールを管理する「合格カレンダー」です。

つぎのページに「合格カレンダー」の見本があります。

左のページを拡大コピーして、右ページの見本のように書きこんで使います。横軸が時間軸、縦軸が学校別になっています。

「合格カレンダー」を作成しておけば、どこの学校のどんな日程が、他校のなにと重複しているかが、一目瞭然となりミスを防ぐことができます。また、家族で手分けする必要がある日程を洗いだすこともできます。

下にあげたこと以外にも備忘録として、気になることはそのつど書きこみます。

このカレンダーは、ご家族全員が一目でわかるよう、居間などに貼り、みんなで情報を共有することが大切です。

**【合格カレンダーに書きこむべきおもなことがら】**

**「出願」**は持参か郵送か、Web出願か。持参はだれがいつ行くか、郵送はいつ投函するか。

**「複数回同時出願」**の場合の受験料、返金の有無と申し出期間。

**「入試当日」**の集合時刻と終了予定時刻、とくに持参するものがあればそれも。

**「面接」**の有無、その集合時刻。

**「合格発表」**の日と時刻、インターネット発表の時刻。

**「入学手続き」**の締切日と時刻、入学金の額と納入方法。

**「延納」**の有無。

**「返納金」**について。入学手続き後の返金制度の有無、その申し出期限。

**「登校日」**入学手続き後に登校日が設定してある場合、その日登校しないと、入学辞退とみなされる学校があるので要注意。

そして、それぞれの日に保護者がどこに行ってなにをするのか、前もって話しあって書きこんでおきます。

各校の要項をよく見て書きこもう！（実際には左ページを拡大して書きこみます）

# 記入例　2018年 合格カレンダー（受験予定表）

| 志望校名 | Ａ中１次 | Ｂ中 | Ｃ中２回 | Ｄ中２回 | Ｃ中３回 |
|---|---|---|---|---|---|
| 学校最寄駅<br>学校電話番号 | 千埼駅<br>04＊＊－＊＊＊＊ | 合格駅<br>9876－＊＊＊＊ | 希望駅<br>5555－＊＊＊＊ | 未来駅<br>1212－＊＊＊＊ | 希望駅<br>5555－＊＊＊＊ |
| 出願期間 | 郵送12月８日から<br>１月６日消印有効 | １月20日９時から<br>１月26日15時まで | １月20日９時から<br>２月１日20時まで | １月20日９時から<br>１月26日16時まで | １月20日９時から<br>２月３日15時まで |
| 出願日 | 12月25日郵送出願<br>担当：父 | １月20日窓口出願<br>担当：母 | １月20日web出願<br>担当：父 | １月21日郵送出願<br>担当：母 | |
| １月10日（水） | 試験日（母）<br>集合：８時20分<br>解散：12時45分 | | | | |
| １月11日（木） | 合格発表日<br>12時掲示<br>ネット発表も有 | | | | |
| ２月１日（木） | | 試験日（母）<br>集合：８時30分<br>解散：14時30分 | | | |
| ２月２日（金） | | | 試験日（母）<br>集合：８時20分<br>解散：12時25分 | | |
| ２月３日（土） | | 合格発表日<br>15時掲示 | 合格発表日<br>９時ネット | 試験日（父）<br>集合：８時30分<br>解散：12時30分 | ※Ｃ中２回不合格の場合出願（15時まで） |
| ２月４日（日） | | 入学手続日<br>９時～12時<br>47万円振り込み | 入学手続12時まで<br>※Ｂ中の結果次第で入学手続をする | 合格発表日<br>９時掲示<br>入学手続16時まで | 試験日（父・母）<br>集合：８時20分<br>解散：12時25分 |
| ２月５日（月） | | | | | 合格発表日<br>９時ネット<br>入学手続16時まで |
| ２月６日（火） | | | | | |
| ２月７日（水） | | | | | |
| ２月８日（木） | | 入学説明会日<br>15時<br>本人同伴 | | | |
| | | | | | |
| 各校のチェックポイント<br>（備考欄） | ※手続き期間内に延期手続きを行えば、予約金なしで延期手続き可能<br>※願書写真は５×４<br>※出願は郵送のみ | ※試験日は弁当持参<br>※願書写真は４×３を２枚<br>※願書に小学校公印が必要 | ※web出願・母も見直しチェック<br>※手続納入金は現金50万円（辞退すれば24万円返還）<br>※願書写真は５×４ | ※出願は郵送にする<br>１月26日消印有効<br>※願書写真は５×４または４×３<br>※手続納入金は現金40万円（辞退後の返金有） | ※手続納入金は現金50万円（辞退すれば24万円返還）<br>※願書写真は５×４ |

※カレンダーには、〈出願〉は持参か郵送かweb出願か、〈複数回同時出願〉の場合の返金の有無と申出期限、〈試験当日〉の集合時刻と終了予定時刻、持参するもの、〈面接〉の有無・集合時刻、〈合格発表〉の時刻と方法、〈入学手続締切〉の時刻・納入方法と金額（延納の有無）、〈入学手続後〉に納入金の返金制度がある場合には入学辞退の申出期限、手続き後の登校日などを書きこんでください。

※実際にご活用いただく際には、左のページをB4サイズに拡大したうえで何枚か複写してご使用ください。

# 2018年 合格カレンダー（受験予定表）

| 志望校名 | | | | | |
|---|---|---|---|---|---|
| 学校最寄駅<br>学校電話番号 | | | | | |
| 出願期間 | 月　日　時から<br>月　日　時まで | 月　日　時から<br>月　日　時まで | 月　日　時から<br>月　日　時まで | 月　日　時から<br>月　日　時まで | 月　日　時から<br>月　日　時まで |
| 出願日 | | | | | |
| 1月　日（　） | | | | | |
| 1月　日（　） | | | | | |
| 2月1日（木） | | | | | |
| 2月2日（金） | | | | | |
| 2月3日（土） | | | | | |
| 2月4日（日） | | | | | |
| 2月　日（　） | | | | | |
| 2月　日（　） | | | | | |
| 2月　日（　） | | | | | |
| 2月　日（　） | | | | | |
| | | | | | |
| 各校のチェックポイント（備考欄） | | | | | |

※カレンダーには、〈出願〉は持参か郵送かweb出願か、〈複数回同時出願〉の場合の返金の有無と申出期限、〈試験当日〉の集合時刻と終了予定時刻、持参するもの、〈面接〉の有無・集合時刻、〈合格発表〉の時刻と方法、〈入学手続締切〉の時刻・納入方法と金額（延納の有無）、〈入学手続後〉に納入金の返金制度がある場合には入学辞退の申出期限、手続き後の登校日などを書きこんでください。

※実際にご活用いただく際には、このページをB4サイズに拡大したうえで何枚か複写してご使用ください。

# 中学受験 知っ得データ

## 表の見方(表については10月15日までの調査による。問い合わせは各校入試担当まで)

表はおもな私立中学・国立中学を対象に行ったアンケートによる。対象は一般入試。原則として 10 月 15 日までに回答のあった学校を掲載。一部回答表現を略したところもある。無回答の項目は省略／学校名後の◎は共学校●は男子校○は女子校□は別学校／質問項目①入学試験当日の遅刻について認めるか（認める場合試験開始何分までか）②別室・保健室受験の準備はあるか③面接はあるか・あればその比重④合否判定での基準点はあるか・あればどの程度か⑤繰り上げ（補欠）合格はあるか・あればその発表方法は⑥入学手続きの延納・返還制度は⑦来年度 (2018 年度 ) 入試からの入試変更点

●男子校　○女子校　◎共学校　□別学校

ア

**青山学院◎**
①20分まで　②可能　③なし　④なし　⑤予定·電話　⑥なし　⑦合格発表と入学手続を同日に実施へ

**青山学院横浜英和◎**
①15分まで　②可能　③実施·参考程度(帰国生入試ではある程度考慮する)　④なし　⑤未定·行う場合電話　⑦男女共学化　帰国生のみの入試を廃止　4教科受験のみへ

**浅野●**
①10分まで　②可能　③なし　④なし　⑤未定·行う場合電話

**麻布●**
①認めない　②可能　③なし　④なし　⑤非公表·行う場合は電話　⑥なし　⑦なし

**足立学園●**
①25分まで　②可能　③なし　④なし　⑤予定·電話　⑥延納制度あり　⑦特別奨学生入試第1回(適性検査)Ⅰ·Ⅱ時間変更各50分→各45分　Ⅲ(30分)を追加

**跡見学園○**
①20分まで(理由により考慮する)　②可能　③なし　④なし　⑤予定·電話　⑥なし　⑦一般入試(午前)の受験科目へ2科·4科選択制導入　特待生選抜の実施回数増　思考力入試·英語コミュニケーションスキル入試を新設　一般入試の入学手続期間延長　帰国生入試複数回実施へ

**郁文館◎**
①30分まで　②可能　③なし　④なし　⑤予定·インターネット　⑥要募集要項確認　⑦要募集要項確認

**市川◎**
①認める　②可能　③なし　④なし　⑤未定·行う場合電話　⑥12月帰国生入試·第1回入試は延納制度あり(第2回はなし)　⑦なし

**上野学園◎**
①30分まで　②可能　③なし　④なし　⑤なし　⑥辞退の場合施設設備資金を返還　⑦入試内容大幅に変更あり　要入試要項確認

**浦和明の星女子○**
①個別に対応する　②個別に対応する　③なし　④なし　⑤未定·行う場合掲示とインターネット　⑥第1回入試延納可(1/19までに延納手続書類提出·郵送は当日消印有効)

**浦和実業学園◎**
①認める　②可能　③英語入試のみ実施·ある程度考慮する　④なし　⑤未定·行う場合電話　⑥入学金以外返還可　⑦web出願へ　適性検査型入試増設(1回→2回)　英語入試新設

**栄光学園●**
①認めない　②可能　③なし　④なし　⑤未定·行う場合電話　⑥2/5　16:00までに辞退を申し出た場合入学金300,000円のうち200,000円を返還　⑦なし

**穎明館◎**
①認める　②可能　③なし　④なし　⑤なし　⑦帰国生入試を別日程で実施　web出願導入

**江戸川学園取手◎**
①10分まで　②保健室受験可　③なし　④なし　⑤予定·掲示とインターネット併用　⑥入学時納入金の延納制度あり　⑦なし

**江戸川女子○**
①認める(時間指定なし)　②可能　③なし　④なし　⑤予定·電話　⑥都内公立中高一貫校受検者は延納可　入学辞退の場合諸経費を返還　⑦一般2科入試(2/2午後·国算)を新設

**桜蔭○**
①認める　②可能　③実施·参考程度　④なし　⑤予定·掲示　⑥なし　⑦なし

**桜美林◎**
①20分まで　②可能　③なし　④なし　⑤予定·電話　⑥2/7まで第1期納入金の延納可(総合学力評価入試は除く)　全ての回で3/31　15:00までに辞退の場合第1期納入金399,000円を返還

**鷗友学園女子○**
①30分まで　②可能　③なし　④ある(各科目平均点の5割以下は審議対象)　⑤なし　⑥3/1までに所定の用紙提出により入学金返還可　⑦算数と理科の出題傾向変更あり

**大妻○**
①認める　②可能　③なし　④なし　⑤予定·掲示とインターネット併用　⑥なし　⑦web出願へ

**大妻多摩○**
①15分まで　②可能　③なし　④なし　⑤なし　⑥なし　⑦合科型試験入試変更あり(2/4→2/2·定員10名へ)　プレゼンテーション入試変更あり(2/2→2/4·定員若干名へ)

**大妻中野○**
①30分まで(2/1·2/2午後入試は遅刻対応の受験会場を用意している)　②可能　③なし　④なし　⑤未定·電話　⑥延納手続により国公立受験者は2/9まで延納可　⑦新思考力入試日程2/4→2/1　2/3午後に算数入試を新設　2/1·2/3午前入試科目変更4科(国算社理)→2科(国算)·4科選択

**大妻嵐山○**
①20分まで　②可能(大宮会場以外)　③なし　④なし　⑤未定　⑦ORみらい力入試3種類へ(総合入試　プレゼン·ストーリーテリング入試　プレゼン·プログラミング入試)

**大宮開成◎**
①1時間目まで　②可能　③なし　④なし　⑤未定·行う場合掲示とインターネット併用　⑥3/31までに辞退の場合施設費150,000円を返還　⑦なし

**小野学園女子○**
①認めない　②可能　③なし　④なし　⑤なし　⑥2/28　16:00までに辞退の場合施設費180,000円返還

カ

**海城●**
①認める　②可能　③なし　④ある　⑤予定·電話　⑥なし　⑦web出願導入

**開成●**
①認める(時間は募集要項に掲載)　②非公表(インフルエンザの場合は事前申し出が必要)　③なし　④非公表　⑤非公表　⑥期限内にかぎり施設拡充資金返還可　※⑥以外の質問は、2018年度募集要項公開前のため、2017年度入試にもとづく回答を掲載しています

**開智◎**
①20分まで　②可能　③なし　④なし　⑤予定·試験翌日に候補者を通知したうえで電話連絡　⑥3/31までに辞退の場合納入金全額返還　⑦1/11先端特待入試新設　先端A日程変更1/11～1/15

**暁星国際◎**
①30分まで ②可能 ③実施・ある程度考慮する ④なし ⑤未定・行う場合電話 ⑥なし ⑦なし

**共立女子○**
①15分まで ②可能 ③2/3合科型入試のみ実施・ある程度考慮する ④なし ⑤予定・電話 ⑥なし ⑦帰国生入試(1/8→12/3 定員10名→20名) A日程(2/1入試 定員150名→130名) B日程(2/2入試 定員120名→110名) C日程(2/3午前合科型入試に加え2/3午後インタラクティブ入試新設・定員20名)

**共立女子第二○**
①認める ②可能 ③帰国生入試・英語入試で実施 ④なし ⑤予定・電話 ⑦適性検査入試日程変更2/1午後→2/1午前 募集定員変更あり

**国本女子○**
①認める(交通や体調など特別な事情の場合) ②可能 ③実施・かなり重視する ④6割程度 ⑤なし ⑥なし ⑦在校生・卒業生がいる姉妹への入学手続金半額免除制度を導入

**公文国際学園◎**
①15分まで ②可能 ③なし ④なし ⑤未定・行う場合掲示とインターネット併用 ⑦なし

**慶應義塾◎**
①個別に対応する ②可能 ③実施・かなり重視する ④なし ⑤予定・電話 ⑥2月末までに辞退の場合入学金以外を返還 慶應義塾普通部・慶應義塾湘南藤沢に入学手続完了者は納入した学費等の振替制度あり ⑦出願日程変更1/20・21→1/20〜22

**慶應義塾湘南藤沢◎**
①状況により対応 ②状況により対応 ③実施・比重は非公表 ④非公表 ⑤予定・電報 ⑥期日までに所定の方法で辞退を申しでた場合入学金以外の授業料等を返還

**慶應義塾普通部●**
①1時間目終了まで ②可能(校医の判断による) ③実施・比重は非公表 ④なし ⑤予定・掲示とインターネット ⑥授業料分納可(前期430,000円・後期430,000円) 2/28 16:00までに所定の方法で辞退した場合入学金以外の授業料等を返還 ⑦合格発表日変更2/2→2/3 13:00〜15:00 合格発表を掲示とインターネット併用へ

**京華●**
①20分まで ②可能 ③なし ④なし ⑤未定・行う場合掲示とインターネット併用 ⑥2/16までに辞退を申しでれば入学金以外返還 ⑦適性検査型入試日程変更2/2→2/1 2/1午前特別選抜入試科目変更4科→2科・4科 帰国生特別入試日程変更1/7→12/11

**京華女子○**
①20分まで ②当日試験中に体調不良となった場合のみ可能 ③実施・ある程度考慮する ④なし ⑤未定 ⑥第1志望者と第2志望者でそれぞれ締切日を設定 2/16までに辞退の場合入学金以外(施設拡充費・PTA入会金)は返還 ⑦2/1第1回午後入試は特待のみ入試へ

**恵泉女学園○**
①10分まで ②可能 ③帰国生枠のみ実施・ある程度考慮する ④なし ⑤予定・電話 ⑥なし ⑦3回目入試2/4(4教科)→2/3午後(2教科)

**啓明学園◎**
①20分まで ②可能 ③実施・ある程度考慮する ④なし ⑤なし ⑥なし ⑦なし

**光塩女子学院○**
①5分まで(個人の責任以外は別対応) ②可能 ③実施・参考程度 ④なし ⑤予定・電話 ⑥施設設備資金・学校債(任意)の返還可

**晃華学園○**
①20分まで ②可能 ③なし ④なし ⑤予定・電話 ⑥なし ⑦なし

**工学院大学附属◎**
①30分まで ②可能 ③なし ④なし ⑤未定・行う場合電話 ⑥2/10までに返還手続すれば設備充実費50,000円を返還 ⑦算数+面接入試を追加

**攻玉社●**
①20分まで ②可能 ③なし ④なし ⑤なし・行う場合電話

**麹町学園女子○**
①認める(試験時間の延長はしない) ②可能 ③なし ④なし ⑤なし ⑥なし ⑦みらい型(思考力)入試を新設

**佼成学園●**
①20分まで ②可能 ③なし ④なし ⑤なし ⑦2/3第3回一般廃止 第3回特別奨学生入試2/3午後→午前

**佼成学園女子○**
①認める ②可能 ③なし ④なし ⑤なし ⑥施設設備金返還可 ⑦「英語型」「自己アピール」を前半に 随時入試を2/11に設定

**開智日本橋学園◎**
①30分まで ②可能 ③GLCのみ実施 ④なし ⑤未定 ⑦第4回・第5回入試科目3科(国・算+英社理)→3科(国算英)・4科選択へ

**開智未来◎**
①20分まで ②可能 ③なし ④なし ⑤なし ⑥3/31まで全額返還可 ⑦未来型入試を探究1・探究2として2回実施

**海陽●**
①認める ②可能 ③1/6入試Ⅱ(本校会場)のみ実施・かなり重視する ④なし ⑤予定・電話 ⑥なし ⑦社会がなくなり、国・算・理入試へ(帰国生入試は除く) 特別給費生入試に特別枠を新設

**かえつ有明◎**
①10分まで ②可能 ③なし ④なし ⑤なし ⑥なし ⑦2/1午後算・国+英語入試から一般生advanced入試に変更(英語筆記・英語面接のみ)

**学習院●**
①認める(状況・理由による) ②なし ③なし ④なし ⑤未定

**学習院女子○**
①50分まで ②可能 ③実施・参考程度 ④なし ⑤A入試はなし B入試は予定・掲示とインターネット併用 ⑥なし ⑦なし

**春日部共栄◎**
①50分まで ②可能 ③なし ④なし ⑤なし ⑥なし ⑦午後入試開始時間変更14:20→14:00 コース編成変更GEコース・GSコース→GEコース一本化

**神奈川学園○**
①20分まで ②可能 ③なし ④なし ⑤未定 ⑥2/8 16:00までに辞退の場合入学金を返還 ⑦なし

**神奈川大学附属◎**
①20分まで ②可能 ③なし ④算数のみ40点程度 ⑤予定・電話 ⑦web出願へ 受験料変更あり

**鎌倉学園●**
①認める ②可能 ③なし ④なし ⑤予定・電話 ⑥2/13 16:00までに辞退→入学金の一部100,000円返還 入学式前日までに辞退→施設費250,000円返還 ⑦二次入試日程変更2/3→2/2

**鎌倉女学院○**
①20分まで ②可能 ③なし ④なし ⑤未定・電話 ⑥期限内にかぎり入学金返還可 ⑦なし

**鎌倉女子大学○**
①個別に対応する ②個別に対応する ③なし ④なし ⑤なし ⑦特進コースに一本化

**カリタス女子○**
①20分まで ②可能 ③GLC ④なし ⑤未定 ⑥なし ⑦2/4入試廃止 2/1午前入試新設

**川村○**
①個別に対応する ②個別に対応する ③実施・参考程度 ④なし ⑤なし ⑥なし ⑦受験日増

**関東学院◎**
①認める ②可能 ③なし ④なし ⑤未定 ⑥2/15までに辞退の場合特別施設費200,000円返還 ⑦全てweb出願へ

**関東学院六浦◎**
①試験開始45分まで(1時間目終了まで) ②可能 ③なし ④なし ⑤未定・行う場合電話

**北鎌倉女子学園○**
①20分まで ②可能 ③実施・参考程度 ④なし ⑤なし ⑥2/9正午までに辞退手続をすれば施設準備費170,000円を返還 ⑦日本語4技能入試を導入 4科入試(国算社理)を廃止 音楽コースは2科(国算)で受験し点数の高い方を合否判定に用いる

**北豊島○**
①認める(時間は定めないが試験時間の延長はしない) ②可能 ③実施・参考程度 ④なし ⑤なし ⑥なし ⑦2/1午前に適性検査型入試を導入

**吉祥女子○**
①試験開始まで ②可能 ③なし ④なし ⑤追加合格を予定・電話 ⑥施設拡充費返還可 ⑦web出願のみへ

**共栄学園◎**
①30分まで ②可能 ③実施・参考程度 ④なし ⑤なし ⑥第1〜3回受験者で公立中高一貫校及び春日部共栄中学校受験者は2/13まで延納可 2月中に辞退申請手続きあれば施設費80,000円返還 ⑦名称変更第2回(2/1午後)→特待生選抜入試① 第3回(2/2)→特待生選抜入試② 日程変更第4回2/2へ

**暁星●**
①15分まで ②可能 ③なし ④なし ⑤予定・電話 ⑥なし ⑦なし

**芝浦工業大学附属●**
①20分まで ②可能 ③なし ④なし ⑤未定・行う場合電話 ⑥なし ⑦第１志望者入試新設

**渋谷教育学園渋谷◎**
①特別な理由に限り認める ②可能 ③なし ④なし ⑤未定・行う場合電話 ⑥なし ⑦なし

**渋谷教育学園幕張◎**
①認める ②可能 ③なし ④なし ⑤なし・行う場合電話 ⑥一時金50,000円納入により延納可

**修徳◎**
①認める ②可能 ③実施・かなり重視する ⑤なし ⑦特待生制度変更あり(入学金・授業料)

**秀明大学学校教師学部附属秀明八千代◎**
①20分まで ②可能 ③実施・ある程度重視する ④なし ⑤なし ⑦専願入試で英語入試導入(国算英から２科選択+面接) web出願導入

**十文字○**
②可能 ③なし ④なし ⑤予定・電話 ⑥3/31までに辞退を申しでた場合入学時設備費100,000円返還 ⑦３年間授業料免除特待生制度を新設

**淑徳◎**
①20分まで ②可能 ③なし ④なし ⑤なし・行う場合掲示とインターネット併用 ⑥2月末までに辞退(転勤等に伴う場合)により全額返還 ⑦定員変更 2/3午後スーパー特進東大選抜入試男女10名→男女20名(東大選抜10名・スーパー特進10名) 2/2午後第２回男女45名→男女50名

**淑徳SC○**
①認める ②可能 ③実施・ある程度考慮する ④４割(40点)程度 ⑤なし ⑥なし

**淑徳巣鴨◎**
①試験終了時刻まで(試験時間の延長はしない) ②可能 ③なし ④なし ⑤なし ⑥公立中高一貫校受検者は2/9 16:00までに公立校の合格通知書等を提示すれば入学手続時納入金を返還

**淑徳与野○**
①１限目終了まで ②可能 ③なし ④なし ⑤予定・電話 ⑥3/28までに辞退の場合入学金以外の納入金を返還 ⑦第１回・第２回web出願へ

**順天◎**
①認める ②可能 ③実施・かなり重視する ④なし ⑤なし ⑥指定日に入学金納入により残金を2/10正午まで延納可 ⑦web出願導入 2/4午後第３回は２教科(国算または算英)にマイ・プレゼンテーションを加えた入試を実施

**頌栄女子学院○**
①認めない(交通事情等を除く) ②可能 ③実施・参考程度 ④なし ⑤なし ⑥なし ⑦なし

**城西川越●**
①15分まで ②可能 ③なし ④なし ⑤なし ⑥施設費返還可 ⑦一般クラス→総合一貫クラスへ名称変更

**城西大学附属城西◎**
①20分まで ②可能 ③英語技能入試のみ実施・かなり重視する ④総得点の3.5割(35点)程度 ⑤予定・掲示とインターネット併用 ⑥なし ⑦当日朝の窓口出願受付可へ

**常総学院◎**
①認める(試験時間の延長はしない) ②なし ③適性検査型入試でグループ面接を実施・参考程度 ④なし ⑤なし ⑥第１回一般入試のみ1/19までに延納手続をすれば2/8まで延納可 ⑦第２回一般入試試験科目2科・４科選択へ・延納手続制度を廃止・試験会場がホテル明建へ 適性検査型入試試験会場に県西会場(ホテルグリーンコア坂東)を新設・定員数変更

**聖徳学園◎**
①30分まで ②可能 ③AO入試のみ実施・かなり重視する ④なし ⑤なし ⑦試験名称変更 総合→AO 一般→AM・PM 特待選抜→特別奨学生 科目変更 AM・PM→２科 特別奨学生→４科 適性検査型→Ⅰ・ⅡかⅠ・Ⅱ・Ⅲのいずれかを選択

**湘南学園◎**
①認める ②可能 ③なし ④なし ⑤未定・行う場合電話 ⑥国立・公立中高一貫校併願者にかぎり申請者を対象に2/10 15:00まで入学時校納金延納可 ⑦優遇判定措置の２段階導入にともない募集定員変更2/2B日程40名→35名 2/3C日程30名→35名(優遇判定措置5名以上を含む)他の日程は昨年同様 国立・公立中高一貫校受験者に対する延納措置対応を実施

**湘南白百合学園○**
①20分まで ②可能 ③実施・参考程度 ④なし ⑤予定・電話

**昌平◎**
①20分まで ②可能(ただし外部会場はなし) ③なし ④なし ⑤なし ⑥なし ⑦なし

カ

**国府台女子学院○**
①試験開始まで ②可能 ③なし ④なし ⑤予定・電話 ⑥第１回のみ分納可 前納金150,000円を1/25 15:00までに銀行振込→残金236,500円延納可(銀行振込2/2 15:00まで 学校受付2/4 13:00まで) ⑦なし

**香蘭女学校○**
①25分まで ②可能 ③実施・参考程度 ④なし ⑤予定・掲示とインターネット併用 ⑥なし ⑦なし

**國學院大學久我山□**①認める(B時程希望の場合は出願時提出) ②可能 ③なし ④なし ⑤未定 ⑥なし ⑦女子部一般クラス募集枠をCCクラス募集枠に変更

**国際学院◎**
①20分まで ②可能 ③なし ④なし ⑤なし ⑥なし ⑦なし

**国士館◎**
②可能 ③実施・ある程度考慮する ④なし ⑤なし

**駒込◎**
①25分まで ②可能 ③なし ④基準点はないが０点があれば不合格 ⑤予定・電話とインターネット併用 ⑥公立中高一貫校受検者は公立校合格発表の翌日まで延納可 ⑦適性検査入試科目変更あり 適性検査３科(思考表現・数的処理・理社総合)→適性検査２科(思考表現・数的処理)・３科(思考表現・数的処理・英語)

**駒場東邦●**
①認める ②可能 ③なし ④なし ⑤予定・電話 ⑥なし ⑦なし

サ

**埼玉栄◎**
①認めない ②可能 ③なし ④なし ⑤なし ⑥3/31までに辞退の場合入学金以外を返還 ⑦全てweb出願へ

**埼玉平成◎**
①20分まで ②可能 ③専願のみ実施・かなり重視する ④５割程度 ⑤予定・電話 ⑥出願時に延納を願いでた場合2/6まで延納可 ⑦なし

**栄東◎**
①認める ②可能 ③帰国生入試のみ実施・ある程度考慮する ④なし ⑤なし ⑦東大Ⅲ入試廃止

**相模女子大学○**
①20分まで ②可能 ③なし ④５割程度 ⑤なし ⑥なし ⑦なし

**佐久長聖◎**
①20分まで ②可能 ③なし ④なし ⑤第２回入試で予定・電話 ⑥入学時納入金の分納可(2/7までの手続期間内に入学金200,000円納入→5/10に施設費100,000円納入) ⑦11/25第１回本校入試(適性検査型入試)を新設

**桜丘◎**
①45分まで ②可能 ③なし ④なし ⑤なし

**狭山ヶ丘高等学校付属◎**
①20分まで ②可能 ③なし ④非公表 ⑤非公表 ⑥なし ⑦なし

**サレジオ学院●**
①認めない ②可能 ③なし ④なし ⑤未定 ⑥なし ⑦なし

**自修館◎**
①50分まで ②可能 ③なし ④なし ⑤未定 ⑥国立・公立中高一貫校併願者は2/4までに申請すれば2/10まで延納可 3/31までに辞退の場合２次手続金を返還 ⑦A１～B２でA特待生の基準を満たす受験生がいない場合各回の最上位者をA特待とする(A１～B２まで各回１名以上のA特待生をだす)

**実践学園◎**
①認める ②可能 ③なし ④なし ⑤なし ⑥原則返還なし(新入生ガイダンス前であれば施設設備資金と指定用品代を返還する場合あり) ⑦日本語表現力テスト２回実施へ 受験科目に英語を導入(選択制) ４科受験を３科受験(国算に加え社理英より１科目選択)へ変更

**実践女子学園○**
①認める ②可能 ③なし ④なし ⑤予定・電話 ⑥なし ⑦入試科目変更 ４科→２科・４科選択あるいは英語資格者は国語１科 試験時間変更国語50分→45分・社理30分→25分 午後入試導入

**品川女子学院○**
①30分まで ②可能 ③なし ④なし ⑤予定・電話と電報併用 ⑥2/14までに手続すれば全額返還 ⑦2/1午後に算数１教科入試を実施(20名程度) 2/1・2/2募集定員各回10名減

**芝●**
①30分まで ②可能 ③なし ④なし ⑤予定・電話

**芝浦工業大学柏◎**
①20分まで ②可能 ③帰国子女入試のみ実施・ある程度考慮する ④なし ⑤なし・行う場合電話 ⑥手続期日までに延納金50,000円納入により2/4 18:00まで残金200,000円延納可 ⑦英語入試選択者に英語リスニングテストおよび英語による口頭試問を実施 結果は合否判定に加味する

**西武学園文理◎**
①20分まで ②可能 ③帰国生入試のみ実施・参考程度 ④なし ⑤予定・電話 ⑦適性検査型入試導入 得意教科入試導入(算数または英語の1教科のみ) 英語型入試廃止 帰国生入試変更あり

**西武台千葉◎**
①20分まで ②可能 ③なし ④なし ⑤予定・電話 ⑥2/16正午までに辞退申請すれば施設費160,000円を返還 ⑦第一志望入試で帰国子女・外国人入試を実施(国算2科入試・各50分100点・親子面接あり)

**西武台新座◎**
①認める(試験時間の延長はしない) ②可能 ③なし ④なし ⑤なし ⑥なし

**聖望学園◎**
①30分まで ②可能 ③専願入試のみ実施・ある程度考慮する ④なし ⑤未定・行う場合電話 ⑥入学前に辞退届提出により納入金の一部を返還 ⑦適性検査入試の配点変更(Ⅰ200点・Ⅱ300点・Ⅲ300点)

**成立学園◎**
①30分まで ②可能 ③なし ④なし ⑤なし ⑥3/31までに辞退を申しでれば施設費を返還 ⑦2/1午前にナショジオ入試を導入 2/1午前の適性検査型がⅢまで対応へ

**青稜◎**
①15分まで ②可能 ③なし ④なし ⑤予定・電話 ⑥延納願提出により2/15まで入学金延納可 ⑦なし

**世田谷学園●**
①国語の試験時間内まで ②可能 ③なし ④なし ⑤未定・行う場合電話 ⑦web出願導入

**専修大学松戸◎**
①認める ②可能 ③なし ④なし ⑤予定・電話 ⑥手続期間中に入学金のうち50,000円納入により残金を2/3 16:00まで延納可 ⑦算数・社会・理科で一部出題傾向変更あり(思考力や記述力を問う問題を増やす)

**洗足学園○**
①20分まで ②可能 ③なし ④なし ⑤予定・電話 ⑥2/22まで施設費延納可 ⑦なし

**捜真女学校○**
①原則として認めるが要部長(校長)判断 ②可能 ③実施・参考程度 ④ある ⑤予定・電話 ⑥なし ⑦D試験2/5へ 2/7にE試験を実施

タ

**高輪●**
①20分まで ②可能 ③なし ④なし ⑤予定・電話 ⑥なし ⑦なし

**橘学苑◎**
①認める(試験時間の延長はしない) ②可能 ③なし ④なし ⑤なし ⑥なし ⑦加点あつかいの外国語活動→インタビューテストへ(時間5分→10分・配点15点→25点)

**玉川学園◎**
①認める ②可能 ③実施・一般クラスは参考程度 IBクラスはある程度考慮する ④なし ⑤なし ⑥期限までに申しでれば入学金以外を返還 ⑦英語選抜入試を新設

**玉川聖学院○**
①20分まで ②可能 ③実施・参考程度 ④なし ⑤なし

**多摩大学附属聖ヶ丘◎**
①15分まで(時間は状況により個別に対応) ②可能 ③なし ④なし ⑤予定・電話 ⑥適性型入試のみ公立中高一貫校の合格発表の翌日まで延納可 ⑦全体的に記述式解答の問題・配点を増やす

**多摩大学目黒◎**
①認める ②可能 ③なし ④なし ⑤予定・掲示とインターネット併用 ⑥なし ⑦なし

**千葉日本大学第一◎**
①認める ②なし ③なし ④なし ⑤予定・インターネット ⑥1期入試は入学金の一部を納入し延納手続をすれば2/5まで延納可 ⑦1期・2期同時出願廃止 募集定員変更260名→240名(第一志望50名→70名・1期入試160名→120名)

**千葉明徳◎**
①20分まで ②可能 ③実施・ある程度考慮する ④なし ⑤未定・行う場合電話 ⑥一般入試1・2・特待生入試・ルーブリック評価型入試は2/5まで、適性検査型入試は2/13まで延納可 ⑦ルーブリック評価型入試・特待生入試を新設 一般入試2の2教科受験は国・算・英より選択 市川会場で実施する適性検査型入試へ適性検査Ⅲを導入 出願時に通知表のコピー提出へ 適性検査型入試以外の受験料を22,000円へ変更

**中央大学附属◎**
①認める ②可能 ③なし ④なし ⑤予定・電話 ⑦入学金もweb入金を導入

**城北●**
①30分まで ②可能 ③なし ④なし ⑤予定・電話

**城北埼玉●**
①30分まで ②可能 ③なし ④なし ⑤予定・電話 ⑦1/12第1回入試の会場が城北埼玉中・所沢くすのきヒール・さいたまスーパーアリーナの3カ所へ

**昭和学院◎**
①20分まで ②可能 ③マイプレゼンテーション入試は質疑応答に面接を含む・かなり重視する ④なし ⑤なし ⑥公立中高一貫校受検者は公立校合格発表まで延納可 ⑦適性検査型入試を実施

**昭和学院秀英◎**
①20分まで ②可能 ③なし ④なし ⑤なし ⑥1/20午後特別入試は1/22まで、1/22第2回入試は1/24までに50,000円納入により2/1まで250,000円延納可 ⑦1/20に午後特別入試(国算のみ)を実施

**昭和女子大学附属昭和○**
①25分まで ②可能 ③なし ④なし ⑤未定・行う場合電話 ⑥なし ⑦帰国生入試実施へ

**女子学院○**
①原則認めない(交通機関の遅れや自然災害などは対応) ②可能(養護教諭が判断) ③実施・比重は非公表 ④非公表 ⑤非公表 ⑥なし

**女子聖学院○**
①20分まで ②可能 ③英語表現力・日本語表現力入試で実施・参考程度 ④なし ⑤予定・電話 ⑥なし

**女子美術大学付属○**
①認める(試験時間の延長はしない) ②なし ③実施・参考程度 ④なし ⑤予定・電話 ⑥2/6正午までに入学辞退届を提出すれば施設費およびPTA入会金(計102,000円)を返還 ⑦「女子美 自己表現入試」を新設

**白梅学園清修○**
①20分まで ②可能 ③英語入試のみ実施・ある程度考慮する ④ある ⑤未定・行う場合インターネット ⑥都立中高一貫校受検者のみ延納制度あり ⑦適性検査型入試を2回実施(2/1・2/2) 2/1午後に「見方・考え方」表現入試を追加

**白百合学園○**
①15分まで ②可能 ③実施・参考程度 ④なし ⑤未定・行う場合電話 ⑥なし ⑦なし

**巣鴨●**
①20分まで ②可能 ③なし ④なし ⑤予定・発表方法は未定 ⑥2/1Ⅰ期入試・2/2Ⅱ期入試は出願時の申請により2/5 15:00まで延納可 ⑦2/4Ⅲ期入試を新設

**逗子開成●**
②可能 ③なし ④なし ⑤未定・行う場合電話 ⑥期日までに手続をした場合返還可 ⑦なし

**聖学院●**
①15分まで ②可能 ③一部実施・かなり重視する ④一律ではないが60点程度 ⑤なし・行う場合電話 ⑥なし ⑦2/2午前一般入試復活 2/4午前第4回特待・アドバンスト入試を廃止し、難関思考力入試(思考力+面接)を導入

**成蹊◎**
①15分まで ②可能 ③なし ④なし ⑤予定・電話 ⑥3/31正午までに所定の入学辞退届提出により入学金以外の納付金を返還 ⑦第1回のみ入学手続日が土曜のため、第一手続を2/3まで、第二手続を2/6までとする

**聖光学院●**
①認める ②可能 ③なし ④なし ⑤未定 ⑥なし ⑦web出願のみへ

**成城●**
①認めない ②可能 ③なし ④なし ⑤なし

**成城学園◎**
①認める ②可能 ③なし ④なし ⑤未定・行う場合電話 ⑥なし

**聖セシリア女子○**
①15分まで ②可能 ③なし ④なし ⑤予定・電話 ⑦B方式でグループワーク型入試を新設

**清泉女学院○**
①15分まで ②可能 ③実施・まったく合否には関係しない ④なし ⑤予定・電話 ⑥施設費は2/9までに納入 ⑦全てweb出願へ

**聖徳大学附属女子○**
①試験時間の半分の時間まで ②可能 ③実施・参考程度 ④なし ⑤なし ⑥なし ⑦第一志望入試に第一志望入試Bを新設(基礎学力検査国算・自己表現作文・自己表現面接)

**星美学園○**
①30分まで ②可能 ③なし ④なし ⑤未定 ⑥なし ⑦なし

**東京電機大学◎**
①30分まで　②可能　③なし　④ある(非公表)　⑤予定・電話　⑥なし　⑦なし

**東京都市大学等々力◎**
①20分まで　②可能　③なし　④なし　⑤なし　⑦算数１科目入試を導入

**東京都市大学付属●**
①15分まで　②可能　③なし　④なし　⑤手続状況により繰り上げ合格をだす場合あり・行う場合電話　⑥入学金の一部50,000円納入により残金200,000円は入学後に校納金とともに納入可　⑦複数回受験の加点措置拡大→「2/4第３回Ⅰ類判定時に３回受験の場合３点加点」を追加へ

**東京農業大学第一高等学校◎**
①認める　②可能　③なし　④なし　⑤なし　⑦2/1入試の社会と理科に関して融合問題の大問を１題出題

**東京農業大学第三高等学校附属◎**
①認める　②可能　③なし　④なし　⑤未定　⑥なし　⑦第４回入試を1/27(２科国語・算数)に実施

**東京立正◎**
①認める(時間は状況に応じて対応)　②可能　③実施・かなり重視する　④４割程度　⑤なし　⑥公立中高一貫校受検者は2/9まで延納可　⑦思考力入試を実施　得意科目入試を実施(国算英から２科)　AO入試を実施(学科なし　プレゼンテーション面接・作文)

**桐光学園□**①25分まで(交通遅延等は別途対応)　②可能　③なし　④なし　⑤なし　⑥なし

**東星学園◎**
①20分まで　②可能　③実施・かなり重視する　④なし　⑤なし　⑥3/29 16:00までに所定の書式で辞退を申しでた場合施設設備費150,000円を返還　⑦試験名称変更　第２回入試→適性検査型入試・第３回入試→第２回一般入試　時程変更　適性検査型入試午後実施→2/1午前実施※第１回一般入試と同時進行

**桐朋●**
①15分まで　②可能　③なし　④なし　⑤予定・電話　⑥2/7正午までに辞退の場合建設資金130,000円を返還　⑦なし

**桐朋女子○**
①認めない　②なし　③口頭試問を実施・かなり重視する　④ある　⑤未定　⑥論理的思考力&発想力入試は公立中高一貫校受検者のみ2/10 17:00まで延納可　2/10 15:00までに辞退の場合施設拡充費を返還　⑦なし

**東邦大学付属東邦◎**
①認める　②可能　③なし　④なし　⑤予定・電話　⑥前期入試は170,000円納入により残金170,000円延納可　⑦なし

**東洋英和女学院○**
①受付終了後20分まで　②可能　③実施・参考程度　④なし　⑤予定・電話　⑥なし　⑦面接開始時刻を30分早める

**東洋大学京北◎**
①20分まで　②可能　③なし　④なし　⑤なし　⑥国立・公立中高一貫校と併願の場合2/12まで延納可　⑦2/1「哲学教育」思考・表現力入試を実施

**東洋大学附属牛久◎**
①20分まで　②可能　③専願のみ実施・ある程度考慮する　④なし　⑤なし　⑥第一回のみ2/9まで延納可　⑦web出願へ

**藤嶺学園藤沢●**
①10分まで　②可能　③なし　④なし　⑤予定・電話　⑥入学金100,000円を納める１次手続き(受験回により締め切りが異なる)と残金300,000円を納める２次手続き(全回2/8まで)あり。2/11 15:00までに辞退の場合200,000円を返還。⑦2/1・2/3午前４科目入試→２科目・４科目入試へ　2/5 ４科融合型入試→２科目選択型入試へ(国算・国社・国理・算社・算理のいずれかで受験)　帰国生入試１月→12月

**トキワ松学園○**
①45分まで(午前入試は交通機関の乱れ等のみ・午後入試は事前連絡により他校での面接なども可)　②可能　③なし　④なし　⑤予定・インターネットと電話併用　⑥3/31までに辞退の場合施設設備費を返還　⑦なし

**土佐塾◎**
①20分まで　②可能　③なし　④なし　⑤なし　⑥入学金納入により施設協力金延納可　⑦web出願導入

**豊島岡女子学園○**
①20分まで　②可能　③なし　④なし　⑤予定・掲示とインターネットにて繰り上げ候補者を発表後合格者には電話　⑥なし　⑦web出願のみへ

**獨協●**
①認める　②可能　③なし　④なし　⑤予定・電話　⑥なし　⑦なし

**中央大学附属横浜◎**
①10分まで　②可能　③なし　④なし　⑤未定　⑥なし　⑦出願時の通知表のコピー不要へ

**筑波大学附属◎**
①認める　②可能　③なし　④なし　⑤予定・掲示　⑥なし　⑦なし

**筑波大学附属駒場●**
②可能　③なし　④非公表　⑤予定・電話　⑥なし　⑦なし

**土浦日本大学◎**
①15分まで　②可能　③なし　④なし　⑤未定　⑦11月に英語運用力入試新設(11/11・11/18・11/25)　web出願導入

**鶴見大学附属◎**
①10分まで　②可能　③なし　④なし　⑤未定・行う場合電話　⑦2/1午前適性検査入試実施(算+適性検査)

**帝京◎**
①20分まで　②可能　③なし　④なし　⑤なし　⑦2/2午前適性検査実施　2/2午後得意教科重視入試(２科・傾斜配点)実施

**帝京大学◎**
①認める　②可能　③なし　④なし　⑤なし　⑥なし　⑦なし

**田園調布学園○**
①状況により対応　②可能　③実施・参考程度　④なし　⑤予定・電話　⑥延納届提出により2/11正午まで延納可

**桐蔭学園□**
①認める(試験時間の延長はしない)　②可能　③なし　④なし　⑤なし　⑦なし

**東海大学菅生高等学校◎**
①認める(時間は非公表)　②可能　③実施・かなり重視する　④なし　⑤なし　⑥2/10 9:00までに辞退手続完了で入学手続時納入金全額返還　第１回B適性検査型受検者は2/10正午まで延納可　⑦なし

**東海大学付属浦安高等学校◎**
①20分まで　②可能　③なし　④なし　⑤なし　⑥A・B試験は延納可　⑦出願・合格発表をインターネット対応へ

**東海大学付属相模高等学校◎**
①15分まで　②可能　③実施・かなり重視する　④なし　⑤なし　⑥3/31 15:00までに入学辞退届を提出し辞退の場合入学金以外の入学手続金を返還　⑦なし

**東海大学付属高輪台高等学校◎**
①認めない　②可能　③なし　④なし　⑤予定・電話　⑥3/30 15:00まで(郵送3/30消印有効)に入学辞退届提出により施設費を返還　⑦なし

**東京家政学院○**
①15分まで(交通機関の遅れは15分にかぎらない)　②可能　③プレゼン入試と英語入試で実施・かなり重視する　④なし　⑤なし　⑥なし　⑦英語入試を２回実施(国語か算数の選択)　プレゼン入試を実施(国語か算数の選択)　適性検査型で適性３まで実施　入試日程変更2/2午前新設・2/3→2/6

**東京家政大学附属女子○**
①認める　②可能　③なし　④なし　⑤予定・電話　⑥なし　⑦セレクト入試(第１回)試験科目・国算英思考力から２科選択→２科(国算)・英語・思考力から１つ選択へ　特別奨学生入試(第２回)奨学金対象者拡大10名→20名

**東京純心女子○**
①10分まで　②可能　③2/4タラント発見・発掘入試のみ実施・かなり重視する　④なし　⑤予定・電話　⑥なし　⑦2/4タラント発見・発掘入試変更あり(開始９時→10時　配点　自己アピール作文・対話〈面接〉各30点　聴く力・書く力等をはかる問題50点)

**東京女学館○**
①午前入試は20分まで・午後入試は50分まで　②可能　③なし　④なし　⑤予定・電話　⑥2/9の合格者説明会当日11:00までに辞退した場合入学金を返還　⑦国際学級・帰国生入試を12/10に実施　入学手続時納入金が入学金のみへ　⑥の入学金返還制度も変更点

**東京女子学園○**
①認める(午前は公共交通機関の遅延などのみ・午後は無条件で１時間程度認める)　②可能　③なし　④なし　⑤なし　⑥手続締め切り日2/11までに入学金を納入すれば残金を2/28まで延納可

**東京成徳大学◎**
①30分まで　②可能　③なし　④なし　⑤なし　⑥なし　⑦第４回午前日程変更2/5→2/4

**東京成徳大学深谷◎**
①10分まで　②可能　③単願のみ実施・かなり重視する　④なし　⑤未定　⑥入学手続後の入試で特待合格となった場合入学金を返還　⑦適性検査型入試(作文・面接)、英語型入試(英語・リスニング)を実施

**フェリス女学院◎**
①認める　②可能　③実施・参考程度　④なし　⑤未定・電話　⑥所定の手続により納入金の一部返還可　⑦なし

**富士見○**
①10分まで　②可能　③なし　④なし　⑤予定・掲示とインターネット併用　⑥入学手続期間内の辞退により納入金297,000円のうち52,000円を返還　⑦募集定員変更2/2・70名→80名　2/3・70名→60名

**富士見丘○**
①20分まで　②可能　③WILL入試のみ実施・かなり重視する　④なし　⑤未定　⑥3月末までに辞退の場合入学金以外を返還　⑦入試制度・日程変更あり　※詳細は入試要項参照

**藤村女子○**
①認める(状況により対応　要事前連絡)　②可能　③なし　④なし　⑤なし　⑥なし　⑦なし

**武相●**
①認める　②可能　③なし　⑤なし

**雙葉○**
①認めない　②状況により対応　③実施・参考程度　④なし　⑤なし

**武南◎**
①20分まで　②可能　③なし　④非公表　⑤予定・電話　⑥施設費返還可　⑦なし

**普連土学園○**
①30分まで　②可能　③なし　④なし　⑤予定・電話　⑥手続締切日までに入学金300,000円のうち200,000円納入により残額を2/8まで延納可

**文化学園大学杉並◎**
①15分まで　②可能　③なし　④なし　⑤予定・掲示とインターネット併用　⑥なし　⑦男女共学化　算数特別入試・英語特別入試を導入

**文京学院大学女子○**
①認める　②可能　③実施・参考程度　④なし　⑤予定・電話　⑥なし　⑦英検を入試点に換算　コース別思考力チャレンジ入試を新設

**文教大学付属◎**
①10分まで　②可能　③なし　④なし　⑤なし　⑥なし　⑦2/1午前にみらい創造入試(適性検査型)を実施

**法政大学◎**
①20分まで　②可能　③なし　④なし　⑤予定・掲示とインターネット併用　⑥なし　⑦なし

**法政大学第二◎**
①認める　②可能　③なし　④なし　⑤未定　⑦web出願へ

**宝仙学園理数インター◎**
①できる範囲で対応　③実施する試験あり(比重は試験により異なる)　④6割程度　⑤なし　⑥web出願時に入学手続延期項目を入力することで延納可(都県別に延納期日を設定)　⑦プレゼンテーション型入試を導入　一般入試科目3科・5科→3科のみへ

**星野学園◎**
①認める　②可能　③なし　④なし　⑤未定　⑥2/6までの届け出で延納可　施設費の返還可　⑦入試問題変更(理数選抜入試第2回で4教科で論述・途中式を求める問題を出題)　英検加点制度新設(英検3級以上の取得者へ加点)　入試会場(大宮会場)変更あり(大宮ソニックシティ4階国際会議室)

**本郷●**
①20分まで　②可能　③なし　④なし(ただし1科目でも0点があれば不合格)　⑤予定・電話　⑥なし　⑦web出願導入

**本庄第一◎**
①20分まで　②なし　③なし　④6割程度　⑤なし　⑦単願入試で作文を廃止し国算の総合問題を実施

**本庄東高等学校附属◎**
①15分まで　②なし　③なし　④なし　⑤予定・電話　⑥他校併願者は延納願提出により第3回の手続締切日まで延納可　⑦第2回の入試科目に「総合」を導入

マ

**聖園女学院○**
①20分まで　②可能　③実施・まったく合否には関係しない　④なし　⑤予定・電話　⑥なし　⑦2/2午後英語入試(英・算の2科)新設　総合力入試日程変更2/1午後へ

**三田国際学園◎**
①20分まで　②可能　③英語・21世紀型で実施・英語は参考程度　21世紀型はかなり重視する　④なし　⑤未定　⑦2科・4科選択→4科のみへ　本科クラスに21世紀型入試を導入

**獨協埼玉◎**
①15分まで　②可能　③なし　④なし　⑤なし・行う場合発表方法は未定　⑥2/5　16:00まで延納可　⑦1/11川口会場(300名)→大宮会場(250名)

ナ

**中村○**
①認める(試験時間の延長はしない　また午後入試は1時間遅れで一斉実施)　②可能　③ポテンシャル入試は実施・かなり重視する　④なし　⑤予定・電話　⑥指定期間までに辞退すれば全額返還　⑦適性検査型特待選抜入試増設　英語ポテンシャル入試を増設

**西大和学園□**
①20分まで　②可能　③なし　④なし　⑤未定・方法は非公表　⑥札幌・東京・岡山・広島・福岡会場入試で延納制度あり　⑦なし

**二松學舍大学附属柏◎**
①状況により対応(要相談)　②可能　③第1志望・第5回入試のみ実施・かなり重視する　④なし　⑤なし　⑥期限内に入学手続猶予願提出した場合は第1回・第2回1/27まで、第3回・第4回1/30まで、第4回思考力検査型入試受験者は千葉の公立中高一貫校は2/3まで、都内の公立中高一貫校は2/10まで延納可　⑦第5回入試日2/4→2/5

**日本工業大学駒場◎**
①30分まで　②可能　③自己アピール型入試のみ実施・かなり重視する　④なし　⑤予定・電話　⑥兄弟卒業生入学金軽減措置あり(入学金半額減)　⑦日程変更2/5→2/4　適性検査型2/7→2/4　得意2科選択に英語を導入　自己アピール入試実施回数2回→3回

**日本学園●**
①30分まで　②可能　③実施・まったく合否には関係しない　④なし　⑤未定・行う場合電話　⑥なし　⑦入学手続締切日3/3まで延長

**日本女子大学附属○**
①認める　②可能　③実施・参考程度　④なし　⑤予定・電話

**日本大学◎**
※全て非公表

**日本大学第一◎**
①認める　②可能　③なし　④なし　⑤未定　⑥なし　⑦なし

**日本大学第三◎**
①10分まで　②可能　③なし　④なし　⑤予定・電話　⑦全てweb出願へ

**日本大学第二◎**
①1時間目のみ20分まで　②可能　③なし　④なし　⑤予定・掲示とインターネット　⑥2/9正午までに辞退を申しでた場合入学手続時納入金のうち施設設備資金186,000円を返還　⑦なし

**日本大学豊山●**
①20分まで　②可能　③なし　④なし　⑤予定・電話　⑥なし　⑦なし

**日本大学豊山女子○**
①20分まで　②可能　③なし　④なし　⑤予定・電話　⑥なし　⑦2/1午前に適性検査型入試を導入　2科・4科入試は2/1午前午後・2/2午前午後で完了

**日本大学藤沢◎**
①認める　②可能　③なし　④なし　⑤なし　⑥なし

ハ

**函館白百合学園○**
①30分まで　②可能　③函館会場のみ実施・参考程度　④なし　⑤なし　⑥首都圏入試のみ分納可　第1次締切1/19(40,000円または全額)　第2次締切2/6(残り60,000円)　⑦首都圏入試はなし

**函館ラ・サール●**
①30分まで　②可能　③なし　④なし　⑤予定・電話　⑥第1次入試の手続期間内に延納手続金50,000円納入により延納可　⑦募集定員変更第1次入試55名・第2次入試50名へ

**八王子学園八王子◎**
①25分まで　②可能　③なし　④なし　⑤なし　⑥なし　⑦2/1・2/2午後東大・医進クラス入試を2科・4科選択制へ

**八王子実践◎**
①20分まで　②可能　③実施・かなり重視する　④なし　⑤未定　⑥公立中高一貫校受検者は公立校発表の翌日まで延納可　⑦出願・合格発表をweb対応へ

**日出学園◎**
①認める(試験時間の延長はしない)　②可能　③実施・ある程度考慮する　④なし　⑤なし　⑥入学金150,000円納入により延納可　⑦新タイプ入試のサンライズ入試を実施(2/1午後に2回・口頭試問による入試)

**広尾学園◎**
①30分まで　②可能　③AG回のみ実施・かなり重視する　④なし　⑤なし　⑥なし　⑦国際生入試を2日間に設定　出願締切日全回とも前日24:00までへ　合格発表日全回とも翌日発表へ

**横須賀学園◎**
①20分まで　②可能　③なし　④30点程度(ただし答案内容を精査する)　⑤未定・方法も未定　⑥2/16まで施設費延納可　⑦１次A・適性型で特待生制度拡充(上位20%→30%)

**横浜●**
①10分まで　②可能　③なし　④なし　⑤未定・行う場合電話　⑥施設費返還可　⑦第２回を２科・４科・適性検査型で選択

**横浜共立学園○**
①認めない　②体調不良の状態により対応　③実施・非公表　④非公表　⑤未定・電話

**横浜女学院○**
①20分まで　②可能　③なし　④なし　⑤未定・電話　⑦入試日程・入試区分の変更あり

**横浜翠陵◎**
①災害・交通事故等の場合のみ認める　②可能　③なし　④5.5割程度　⑤なし　⑥なし　⑦適性検査型入試日程2/1午後→2/1午前　定員変更１回目25名→30名　２回目35名→30名

**横浜創英◎**
③なし　④５割程度　⑤なし・行う場合掲示とインターネット併用　⑥なし　⑦なし

**横浜隼人◎**
①20分まで　②可能　③なし　④なし　⑤予定・電話　⑥適性検査型合格者は延納願提出により2/13まで校納一時金延納可

**横浜富士見丘学園○**
①20分まで　②可能　③なし　④なし　⑤なし　⑥なし　⑦定員変更160名→100名　第１回(2/1午前)・第２回(2/2)・２科国・算・英から２科選択へ　日程変更未来力入試2/5午前→2/3午前　第４回(２科・４科選択)2/3→2/4

**横浜雙葉○**
①15分まで(試験時間の延長はしない)　②可能　③実施・参考程度　④なし　⑤予定・電話　⑥辞退の場合施設設備資金を返還　⑦なし

ラ

**立教池袋●**
①状況により判断　②状況により判断　③第２回入試で実施・かなり重視する　④なし　⑤予定・掲示とインターネット併用　⑥期限内に辞退の場合維持資金の一部100,000円を返還　⑦なし

**立教女学院○**
①交通事情によるものは対応する　②可能　③実施・まったく合否には関係しない　④なし　⑤予定・電話　⑥2/8正午までに所定の辞退届提出により施設費と藤の会入会金を返還　⑦提出書類の変更「報告書または通知表のコピー」→「通知表のコピー」

**立教新座●**
①25分まで　②可能(校長の判断による)　③なし　④なし　⑤予定・インターネットと電話　⑥所定の手続により辞退の場合入学金以外の納付金を返還　⑦出願・合格発表をインターネット対応へ

**立正大学付属立正◎**
①20分まで　②可能　③なし　④なし　⑤なし

**麗澤○**
①20分まで　②可能　③なし　④なし　⑤なし　⑥国公立中高一貫校受検者は受検校合格発表の翌日まで延納可　⑦日程変更「学校会場・船橋会場」1/22→1/25　「学校会場のみ」1/25を廃止へ(2/3は昨年同様に実施)

ワ

**早稲田●**
①25分まで　②可能　③なし　④なし　⑤未定・電話　⑥なし　⑦なし

**早稲田実業学校◎**
①20分まで　②可能　③なし　④なし　⑤なし　⑥辞退届提出により入学手続金の一部(施設設備資金相当)を返還

**早稲田摂陵◎**
①20分まで　②可能　③実施　④なし　⑤なし　⑥なし　⑦なし

**早稲田大学高等学院●**
①認める(時間は事情により異なる)　②可能　③実施　⑤未定　⑥所定の手続により入学金以外の入学手続時納入金を返還

**和洋九段女子○**
①20分まで　②可能(養護教諭の判断による)　③なし　④なし　⑤予定・電話　⑦本科とグローバルの科目選択を共通化　2/1午前入試科目に英語設置　2/1午前・2/10に思考力設置　帰国生入試で英語のみ受験可能へ

**和洋国府台女子○**
①15分まで　②可能　③なし　④ある・基準点は年度や入試回により変わる　⑤なし　⑥なし　⑦英＋２科入試・２科＋１科(理社)入試を追加

マ

**緑ヶ丘女子○**
①30分まで　②可能　③なし　④なし　⑤未定　⑦入試日程2/1・2/2・2/4の３日間へ

**三輪田学園○**
①15分まで　②可能　③なし　④なし　⑤欠員が出た場合実施・電話　⑥なし　⑦2/1午後入試(国算２科)導入により入試日程変更あり

**武蔵●**
①個別に対応　②状況により判断　③なし　④非公表　⑤予定・電話

**武蔵野◎**
①30分まで　②可能　③実施・ある程度考慮する　④４割程度　⑤なし　⑥なし　⑦思考型入試を導入

**武蔵野女子学院○**
①25分まで　②可能　③なし　④なし　⑤未定　⑥公立中高一貫校受検者は所定の手続により延納可　⑦2/2午前特待チャレンジ入試(定員約20名　２科・４科・英語から選択)・2/1午後選抜進学入試(定員約50名　４科から２科目選択)を実施

**武蔵野東◎**
①20分まで　②可能(試験官の判断による)　③実施・AOと未来探究型ではかなり重視する　それ以外はある程度考慮する　④ある　⑤予定・電話　⑥施設維持費返還可(3/31まで)　⑦2/1・2/2午前に２科選択(算国または算英)を設置(英検３級以上取得者は英語は免除)　2/1午前午後・2/4午前に適性型を設置　2/4午後・2/11午前に未来探究型を新設　web出願へ

**茗渓学園◎**
①30分程度　②可能　③なし　④非公表　⑤なし　⑥グローバルAO入試(併願)・一般入試(第１回)の合格発表翌日に延納手続をすれば2/5まで延納可　⑦一般入試(第１回)理社試験時間各25分へ短縮・配点各50点へ　推薦入試実施日12/16へ

**明治学院◎**
①認める　②可能　③なし　④約３割　⑤予定・電話　⑥なし　⑦募集定員変更2/1約50名→約60名・2/2約70名→約60名

**明治大学付属中野●**
①状況により対応　②可能　③なし　④なし　⑤予定・電話　⑥なし　⑦web出願へ

**明治大学付属中野八王子◎**
①30分まで　②可能　③なし　④なし　⑤予定・電話

**明治大学付属明治◎**
①30分まで　②可能　③なし　④なし　⑤予定・電話

**明星◎**
①15分まで　②可能　③実施・参考程度　④なし　⑤未定　⑥2/28までに辞退の場合施設拡充費を返還

**明法●**
①１時間目終了まで　②可能　③なし　④なし　⑤なし　⑥なし　⑦国際理解・進学GRIT・サイエンスGEの３コース制導入(出願書類に希望コースを記入・複数記入可)

**目黒学院◎**
①原則認めない(交通遅延の場合は対応する)　②可能　③なし　④なし　⑤なし　⑥辞退の場合全額返還　⑦独自入試として能力発見型入試・能力育成型入試を導入

**目黒星美学園○**
①50分まで　②可能　③なし　④なし　⑤予定・電話　⑦英語１科入試を導入

**目白研心◎**
①15分まで　②可能　③英語スピーチおよびQ&A入試で実施・かなり重視する　④なし　⑤なし　⑦英語スピーチおよびQ&A入試を導入　すべてweb出願へ

**森村学園◎**
①20分まで　②可能　③なし　④なし　⑤未定・行う場合電話

ヤ

**八雲学園◎**
①認める　②可能　③なし　④なし　⑤なし　⑥なし　⑦2018年度より男女共学化　日程変更2/1・2/2それぞれ午前・午後入試を実施(第１～４回)　2/5に未来発見入試実施　12/13に帰国生入試実施

**安田学園◎**
①20分まで　②可能　③なし　④なし　⑤なし　⑦2/2公立一貫型入試を新設

**山手学院◎**
①15分まで　②可能　③なし　④なし　⑤予定・電話　⑦日程変更あり　web出願へ

**山脇学園○**
①20分まで　②可能　③なし　④なし　⑤予定・電話　⑥入学手続完了後2/6 15:00までに入学辞退届提出により学園維持整備費を返還

# これから行ける 私立中学校説明会

2017年 11月10日㊎ ▶ 2018年 1月28日㊐

●男子校　○女子校　◎共学校　□別学校

データ提供：森上教育研究所

原則的に受験生と保護者対象のイベントを掲載しています。保護者または受験生のみが対象の場合はそれぞれ「保護者」「受験生」と記載しています。

対象学年についての詳細は各中学校にご確認ください。
※日程や時間などは変更になる場合もあります。おでかけの際にはかならず各中学校にご確認ください。
※寮のある学校については、首都圏で開催の説明会のみ掲載しています。

| 学校名 | 行事内容 | 開催日 | 開始時間 | 予約 | 備考 |
|---|---|---|---|---|---|
| ◎穎明館 | 学校説明会 | 12月２日（土） | 10:00 | 不 | |
| | | 1月13日（土） | 10:00 | 不 | |
| ◎江戸川学園取手 | 入試説明会 | 11月25日（土） | 9:30 | 不 | |
| ○江戸川女子 | 学校説明会 | 11月11日（土） | 10:00 | 不 | |
| | | 12月２日（土） | 10:00 | 不 | |
| ○桜華女学院 | 部活動体験会 | 11月14日（火） | 16:00 | 不 | |
| | 学校説明会 | 11月18日（土） | 14:30 | 不 | |
| ○桜華女学院 | 学校説明会 | 12月２日（土） | 14:30 | 不 | |
| | トワイライト説明会 | 12月４日（月） | 17:00 | 要 | |
| | | 12月５日（火） | 17:00 | 要 | |
| | | 12月６日（水） | 17:00 | 要 | |
| | | 12月７日（木） | 17:00 | 要 | |
| | | 12月８日（金） | 17:00 | 要 | |
| | 入試説明会 | 12月23日（土） | 10:00 | 不 | ６年生 |
| ◎桜美林 | 学校説明会 | 11月18日（土） | 14:00 | 不 | |
| | 入試説明会 | 12月16日（土） | 10:00 | 不 | |
| | 総合学力評価入試プレテスト | 12月17日（日） | 10:00 | 不 | |
| | クリスマスキャロリング | 12月20日（水） | 16:00 | 不 | |
| | 入試説明会 | 1月13日（土） | 14:00 | 不 | |
| ○鷗友学園女子 | 学校説明会 | 11月17日（金） | 10:00 | 要 | 保護者 |
| | | 12月９日（土） | 10:00 | 要 | 保護者 |
| | 入試対策講座 | 12月17日（日） | 10:00 | 要 | ６年生 |
| | | 12月17日（日） | 13:30 | 要 | ６年生 |
| ○大妻 | オープンスクール | 11月11日（土） | 14:00 | 要 | １～５年生 |
| | 入試説明会 | 11月18日（土） | 14:00 | 要 | ６年生 |
| | ナイト入試説明会 | 11月29日（水） | 18:30 | 要 | 保護者（６年生） |
| | 学校説明会 | 12月17日（日） | 10:30 | 要 | |
| ○大妻多摩 | 学校説明会 | 11月16日（木） | 10:00 | 要 | １～５年生 |
| | 入試模擬体験 | 11月23日（木） | 9:00 | 要 | ６年生 |
| | | 1月７日（日） | 9:00 | 要 | ６年生 |
| | 合唱祭 | 1月25日（木） | 11:45 | 要 | パルテノン多摩 |
| ○大妻中野 | 入試問題説明会 | 11月11日（土） | 10:15 | 不 | |
| | アフターアワーズ学校説明会 | 11月17日（金） | 19:00 | 要 | |
| | オープンデー | 11月26日（日） | 10:45 | 不 | |
| | 入試問題説明会 | 12月２日（土） | 10:15 | 不 | |
| | 入試問題説明会・入試体験 | 1月６日（土） | 9:30 | 不 | |
| ○大妻嵐山 | 入試説明会 | 11月18日（土） | 10:00 | 要 | |
| | | 12月17日（日） | 9:00 | 要 | |
| | 出張理科実験教室 | 12月23日（土） | 13:30 | 要 | 桶川 |
| ◎大宮開成 | 入試対策会 | 11月23日（木） | 9:00 | 要 | 受験生 |
| | 学校説明会 | 12月２日（土） | 10:00 | 不 | |
| | | 12月12日（火） | 10:00 | 不 | |
| ○小野学園女子 | 入試答案練習会 | 11月26日（日） | 9:00 | 要 | |
| | 学校説明会 | 1月13日（土） | 10:00 | 要 | |
| | 事前相談会 | 1月20日（土） | 9:00 | 要 | |

ア

| 学校名 | 行事内容 | 開催日 | 開始時間 | 予約 | 備考 |
|---|---|---|---|---|---|
| ◎青山学院 | 中等部祭 | 11月12日（日） | 12:30 | 不 | |
| ◎青山学院横浜英和 | 土曜見学会 | 11月18日（土） | 10:00 | 要 | |
| | 学校説明会 | 12月９日（土） | 10:00 | 要 | 保護者 |
| | 土曜見学会 | 1月６日（土） | 10:00 | 要 | |
| ●足立学園 | 入試問題解説会 | 11月11日（土） | 14:00 | 要 | 受験生（６年生） |
| | ミニ説明会 | 11月22日（水） | 18:00 | 要 | |
| | 入試説明会 | 12月９日（土） | 10:00 | 要 | |
| | 小６生徒対象直前対策 | 1月13日（土） | 10:00 | 要 | 受験生（６年生） |
| ○跡見学園 | 学校説明会 | 11月11日（土） | 13:00 | 要 | |
| | クラブ発表・見学会 | 11月11日（土） | 13:30 | 要 | |
| | 学校説明会 | 11月17日（金） | 18:30 | 要 | |
| | | 12月２日（土） | 10:00 | 要 | |
| | | 1月13日（土） | 13:00 | 要 | |
| | | 1月19日（金） | 18:30 | 要 | |
| ◎アレセイア湘南 | 学校説明会 | 11月11日（土） | 10:00 | 要 | 5、6年生 |
| | 入試体験 | 11月11日（土） | 10:00 | 要 | 受験生（６年生） |
| | スクールガイド | 12月９日（土） | 10:00 | 要 | 5、6年生 |
| | パイプオルガンコンサート | 12月９日（土） | 13:30 | 不 | |
| | 学校説明会 | 1月13日（土） | 10:00 | 要 | 5、6年生 |
| | スクールガイド | 1月20日（土） | 10:00 | 要 | 5、6年生 |
| ◎郁文館 | 平日夜に開催する学校説明会 | 11月22日（水） | 18:00 | 要 | |
| | 理事長 渡邉美樹がお話しする学校説明会 | 11月25日（土） | 14:00 | 要 | |
| | 平日午前に開催する学校説明会 | 11月28日（火） | 10:00 | 要 | |
| ◎茨城キリスト教学園 | クリスマス礼拝 | 12月９日（土） | 9:30 | 不 | |
| ◎上野学園 | 学校説明会 | 11月18日（土） | 14:00 | 要 | |
| | ２科入試体験 | 11月25日（土） | 14:00 | 要 | |
| | 適性検査型入試体験 | 11月25日（土） | 14:00 | 要 | |
| | 学校説明会 | 12月９日（土） | 10:00 | 要 | |
| | | 1月13日（土） | 14:00 | 要 | |
| ○浦和明の星女子 | 学校説明会 | 12月２日（土） | 9:30 | 不 | |
| ◎浦和実業学園 | 学校説明会 | 11月12日（日） | 10:00 | 不 | |
| | 入試問題学習会 | 11月26日（日） | 10:00 | 不 | |
| | | 12月９日（土） | 14:30 | 不 | |
| | 午後のミニ説明会 | 12月24日（日） | 14:30 | 要 | 保護者 |
| | トワイライトミニ説明会 | 12月25日（月） | 18:20 | 要 | 保護者 |
| | | 12月26日（火） | 18:20 | 要 | 保護者 |
| | 午前のミニ説明会 | 1月６日（土） | 10:00 | 要 | |
| ◎浦和ルーテル学院 | 説明会・体験入試 | 11月11日（土） | 10:00 | 要 | |
| | クリスマスイベント入試講座 | 12月16日（土） | | 要 | |
| ●栄光学園 | 学校説明会 | 11月25日（土） | 10:00 | 不 | |

| 学校名 | 行事内容 | 開催日 | 開始時間 | 予約 | 備考 |
|---|---|---|---|---|---|
| ◎共栄学園 | 模擬入試・説明会 | 11月19日（日） | 9:30 | 不 | |
| | 秋の見学会 | 11月23日（木） | 10:00 | 不 | |
| | | 11月23日（木） | 11:00 | 不 | |
| | | 11月23日（木） | 13:00 | 不 | |
| | | 11月23日（木） | 14:00 | 不 | |
| | | 11月25日（土） | 10:00 | 不 | |
| | | 11月25日（土） | 11:00 | 不 | |
| | | 11月25日（土） | 13:00 | 不 | |
| | | 11月25日（土） | 14:00 | 不 | |
| | | 11月26日（日） | 10:00 | 不 | |
| | | 11月26日（日） | 11:00 | 不 | |
| | | 11月26日（日） | 13:00 | 不 | |
| | | 11月26日（日） | 14:00 | 不 | |
| | | 12月２日（土） | 10:00 | 不 | |
| | | 12月２日（土） | 11:00 | 不 | |
| | | 12月２日（土） | 13:00 | 不 | |
| | | 12月２日（土） | 14:00 | 不 | |
| | | 12月３日（日） | 10:00 | 不 | |
| | | 12月３日（日） | 11:00 | 不 | |
| | | 12月３日（日） | 13:00 | 不 | |
| | | 12月３日（日） | 14:00 | 不 | |
| | 模擬入試・説明会 | 12月17日（日） | 9:30 | 不 | |
| ○共立女子 | 入試問題説明会 | 11月11日（土） | 14:00 | 要 | |
| | | 11月23日（木） | 9:30 | 要 | |
| | | 12月２日（土） | 14:00 | 要 | |
| | オープンキャンパス | 12月17日（日） | 8:30 | 要 | |
| | ナイト入試問題説明会 | １月12日（金） | 18:00 | 要 | |
| ○共立女子第二 | 学校説明会&入試問題研究会 | 11月11日（土） | 11:00 | 要 | |
| | 入試説明会 | 12月２日（土） | 14:00 | 要 | |
| | 適性検査型入試のための説明会 | 12月16日（土） | 14:00 | 要 | |
| | 中学入試体験 | 12月17日（日） | 9:30 | 要 | |
| | 入試説明会 | １月13日（土） | 11:00 | 要 | |
| ◎国立音楽大学附属 | 夜の学校説明会 | 11月17日（金） | 19:00 | 要 | |
| | KUNION講座 | 11月25日（土） | 13:20 | 要 | |
| | 学校説明会 | 12月２日（土） | 14:00 | 不 | |
| | 冬期受験準備講習会 | 12月26日（火） | 8:50 | 要 | |
| | KUNION講座 | １月14日（日） | 9:00 | 要 | |
| ○国本女子 | 学校公開日（説明会有） | 11月25日（土） | 9:00 | 不 | |
| | 入試情報 | 11月25日（土） | 10:00 | 不 | |
| | 入試直前情報・クリスマスコンサート | 12月17日（日） | 10:00 | 要 | |
| ◎公文国際学園 | 入試説明会 | 11月11日（土） | 10:00 | 不 | |
| | | 12月３日（日） | 10:00 | 不 | |
| ◎慶應義塾中等部 | 学校説明会 | 11月11日（土） | 11:00 | 不 | 慶應義塾大学三田キャンパス西校舎ホール |
| | 展覧会 | 11月11日（土） | 12:00 | 不 | |
| | 学校説明会 | 11月11日（土） | 13:30 | 不 | 慶應義塾大学三田キャンパス西校舎ホール |
| | 展覧会 | 11月12日（日） | 9:30 | 不 | |
| | 学校説明会 | 11月12日（日） | 11:00 | 不 | 慶應義塾大学三田キャンパス西校舎ホール |
| | | 11月12日（日） | 13:30 | 不 | 慶應義塾大学三田キャンパス西校舎ホール |
| ◎慶應義塾湘南藤沢 | 学校説明会 | 11月11日（土） | 10:00 | 不 | 慶應義塾大学湘南藤沢キャンパス大学校舎シータθ館 |
| | | 11月11日（土） | 12:30 | 不 | 慶應義塾大学湘南藤沢キャンパス大学校舎シータθ館 |
| | 文化祭 | 11月11日（土） | | 不 | |

| 学校名 | 行事内容 | 開催日 | 開始時間 | 予約 | 備考 |
|---|---|---|---|---|---|
| ア ○小野学園女子 | 事前相談会 | １月27日（土） | 9:00 | 要 | |
| カ ◎開智 | 学校説明会 | 11月18日（土） | 13:30 | 不 | |
| | 入試問題説明会 | 12月２日（土） | 14:00 | 不 | |
| ◎開智日本橋学園 | 出題傾向説明会 | 11月18日（土） | 10:00 | | |
| | | 12月23日（土） | 10:00 | | |
| | 出題傾向説明会 | １月13日（土） | 10:00 | | |
| ◎開智未来 | ４科対策講座 | 11月23日（木） | 9:30 | 要 | ６年生 |
| | 未来型入試講座 | 12月16日（土） | 9:30 | 要 | ６年生 |
| | ４科対策講座 | 12月23日（土） | 9:30 | 要 | ６年生 |
| ◎かえつ有明 | 学校説明会 | 11月11日（土） | 10:00 | 不 | |
| | 入試体験 | 12月９日（土） | 8:30 | 要 | 受験生 |
| | 学校説明会 | 12月16日（土） | 14:30 | 不 | |
| | 中学入試説明会 | １月24日（水） | 10:00 | 不 | |
| ●学習院 | 学校説明会 | 11月18日（土） | 14:00 | 不 | |
| ○学習院女子 | 学校説明会 | 11月18日（土） | 14:00 | 不 | １～５年生、学習院女子大学やわらぎホール他 |
| | | 11月18日（土） | 15:30 | 不 | ６年生、学習院女子大学やわらぎホール他 |
| ◎春日部共栄 | 学校説明会 | 11月25日（土） | 10:00 | 不 | |
| | | 12月９日（土） | 10:00 | 不 | |
| | | 12月17日（日） | 10:00 | 不 | ４、５年生 |
| ○神奈川学園 | 学校説明会 | 11月25日（土） | 10:30 | 不 | |
| | 入試問題説明会 | 12月16日（土） | 8:30 | 要 | ６年生 |
| | 学校説明会 | １月13日（土） | 8:30 | 不 | |
| ◎神奈川大学附属 | 入試説明会 | 11月16日（木） | 10:45 | 要 | |
| | | 11月24日（金） | 10:45 | 要 | |
| | | 12月９日（土） | 10:45 | 要 | |
| | 学校見学会 | 毎週土曜日 | 11:00 | 要 | |
| ●鎌倉学園 | 入試説明会 | 11月25日（土） | 13:00 | 要 | |
| | 中学入試に向けて | 12月９日（土） | 10:00 | 要 | ６年生 |
| ○鎌倉女学院 | 学校説明会 | 11月18日（土） | 10:00 | 不 | |
| ○鎌倉女子大学 | 入試問題解説説明会 | 11月18日（土） | 10:00 | 不 | |
| | | 12月９日（土） | 10:00 | 不 | |
| | 入試直前対策会 | １月13日（土） | 10:00 | 不 | |
| ○カリタス女子 | 入試説明会 | 11月23日（木） | 9:30 | 要 | 保護者 |
| | | 11月23日（木） | 14:00 | 要 | 保護者 |
| | 入試過去問題説明会 | 11月23日（木） | 9:30 | 要 | 受験生 |
| | | 11月23日（木） | 14:00 | 要 | 受験生 |
| | カリタス見学会 | 12月９日（土） | 14:00 | 要 | |
| | カリタスDEナイト | 12月20日（水） | 18:00 | 要 | |
| ○川村 | 鶴友祭 | 11月18日（土） | 10:00 | 要 | |
| | | 11月19日（日） | 10:00 | 要 | |
| | チャレンジ講座 | 11月23日（木） | 10:00 | 要 | ４～６年生 |
| | | 12月23日（土） | 10:00 | 要 | ４～６年生 |
| ○神田女学園 | 入試説明会 | 11月11日（土） | 10:30 | 不 | |
| | | 11月25日（土） | 10:30 | 不 | |
| | 「適性検査型」入試説明会 | 12月２日（土） | 10:30 | 不 | |
| | 入試模擬体験 | 12月10日（日） | 8:30 | 要 | |
| | クリスマスコンサート | 12月16日（土） | 13:30 | 不 | |
| | 入試説明会 | １月13日（土） | 14:00 | 不 | |
| ○函嶺白百合学園 | 入試説明会 | 11月11日（土） | 10:00 | 不 | |
| | ミニ説明会 | 11月25日（土） | 11:00 | 要 | |
| | 入試個別相談会 | 12月15日（金） | 10:00 | 要 | |
| | クリスマス会 | 12月15日（金） | 10:00 | 要 | |
| | 入試個別相談会 | １月13日（土） | 13:00 | 要 | ６年生 |
| ○北鎌倉女子学園 | 定期演奏会 | 11月18日（土） | 13:30 | 不 | |
| | 入試過去問題学習会 | 11月25日（土） | 9:30 | 要 | 受験生（６年生） |
| | 個別相談会 | 12月２日（土） | 9:00 | 不 | |
| | 入試実技試演会 | 12月９日（土） | 9:10 | 要 | 受験生（６年生） |
| | ミニ説明会 | 12月16日（土） | 10:00 | 要 | |
| | | １月13日（土） | 10:00 | 要 | |
| ○吉祥女子 | 学校説明会 | 11月18日（土） | 10:30 | 不 | ６年生 |
| | | 11月18日（土） | 14:00 | 不 | １～５年生 |
| | 入試問題説明会 | 12月３日（日） | 10:30 | 不 | ６年生 |
| | | 12月３日（日） | 14:00 | 不 | ６年生 |

| 学校名 | 行事内容 | 開催日 | 開始時間 | 予約 | 備考 |
|---|---|---|---|---|---|
| ◯佼成学園女子 | 学校説明会 | 12月17日(日) | 10:30 | 要 | |
| | | 1月6日(土) | 14:00 | 要 | |
| ◯国府台女子学院 | 入試説明会 | 11月18日(土) | 10:30 | 不 | 6年生 |
| ◯香蘭女学校 | 学校説明会 | 11月11日(土) | 14:00 | 要 | |
| | バザー | 11月23日(木) | 10:00 | 不 | |
| | 学校説明会 | 12月22日(金) | 午後 | 要 | |
| □國學院大學久我山 | 学校説明会(女子) | 11月11日(土) | 9:30 | 要 | |
| | 学校説明会(男子) | 11月11日(土) | 10:30 | 要 | |
| | 入試問題説明会 | 11月19日(日) | 13:00 | 要 | 國學院大學渋谷キャンパス |
| | | 11月25日(土) | 14:00 | 要 | |
| | 直前講座～中学入試もぎ体験 | 12月17日(日) | 10:00 | 要 | |
| | 学校説明会(男子) | 1月13日(土) | 10:30 | 要 | |
| | 学校説明会(女子) | 1月13日(土) | 14:00 | 要 | |
| ◎国際学院 | イブニング学校説明会・個別相談会 | 11月17日(金) | 18:30 | 要 | 国際学院埼玉短期大学 |
| | プレテスト | 11月25日(土) | 13:30 | 要 | |
| | | 12月9日(土) | 13:30 | 要 | |
| | 学校説明会 | 12月16日(土) | 14:00 | 要 | |
| ◎国士舘 | 入試相談会 | 11月18日(土) | 10:00 | 要 | |
| | 入試説明会 | 11月25日(土) | 10:00 | 要 | |
| | チャレンジ体験入試 | 11月25日(土) | 10:00 | 要 | 受験生(6年生) |
| | 校内言道大会 | 12月2日(土) | 9:30 | 不 | |
| | 入試説明会 | 12月2日(土) | 14:00 | 要 | |
| | 入試相談会 | 12月9日(土) | 14:00 | 要 | |
| | | 12月16日(土) | 14:00 | 要 | |
| | 武道大会 | 1月13日(土) | 9:30 | 不 | |
| | 入試説明会 | 1月13日(土) | 14:00 | 要 | |
| ◎駒込 | 個別相談会 | 11月11日(土) | 9:00 | 不 | |
| | 説明会+卒業生体験談 | 11月18日(土) | 10:00 | 要 | |
| | 個別相談会 | 11月23日(木) | 9:00 | 不 | |
| | | 11月25日(土) | 9:00 | 不 | |
| | 合唱コンクール | 11月27日(月) | | | 川口リリアホール |
| | 個別相談会 | 12月2日(土) | 9:00 | 要 | |
| | | 12月9日(土) | 9:00 | 不 | |
| | 説明会+入試問題の傾向と対策(私立型) | 12月17日(日) | 10:00 | 要 | |
| | 説明会+入試問題の傾向と対策(適性検査型) | 12月17日(日) | 14:00 | 要 | |
| | 冬休み 入試個別相談期間 | 12月23日(土) | | 要 | |
| | | 12月24日(日) | | 要 | |
| | | 12月25日(月) | | 要 | |
| | | 12月26日(火) | | 要 | |
| | | 12月27日(水) | | 要 | |
| | | 12月28日(木) | | 要 | |
| | 個別相談・学校見学 | 1月9日(火)～入試日前日 | | 要 | |
| | 説明会+合格力UP入試トライアル | 1月14日(日) | 10:00 | 要 | |
| ◯駒沢学園女子 | 入試説明会 | 11月11日(土) | 13:30 | 不 | |
| | Komajoゼミ(国語) | 11月11日(土) | 14:00 | 要 | 受験生(6年生) |
| | Komajoゼミ(算数) | 11月11日(土) | 14:45 | 要 | 受験生(6年生) |
| | Komajoゼミ(まとめ) | 11月11日(土) | 15:10 | 要 | 受験生(6年生) |
| | 授業見学会 | 11月18日(土) | 10:50 | 要 | |
| | 入試シミュレーション | 12月9日(土) | 12:30 | 要 | 受験生(6年生) |
| | 入試説明会 | 1月13日(土) | 13:30 | 不 | |
| ◎埼玉栄 | 入試問題学習会 | 11月18日(土) | 10:00 | 要 | 保護者 |
| | 学校説明会 | 12月9日(土) | 10:40 | 不 | |
| | 入試問題学習会 | 12月16日(土) | 10:00 | 要 | 保護者 |
| | 学校説明会 | 12月24日(日) | 10:40 | 不 | |
| ◎埼玉平成 | 合唱コンクール | 11月18日(土) | 10:30 | 不 | |
| | 入試問題解説セミナー | 11月18日(土) | 14:00 | 要 | |

| 学校名 | 行事内容 | 開催日 | 開始時間 | 予約 | 備考 |
|---|---|---|---|---|---|
| ◎慶應義塾湘南藤沢 | 学校説明会 | 11月12日(日) | 10:00 | 不 | 慶應義塾大学湘南藤沢キャンパス大学校舎シータθ館 |
| | | 11月12日(日) | 12:30 | 不 | 慶應義塾大学湘南藤沢キャンパス大学校舎シータθ館 |
| | 文化祭 | 11月12日(日) | | | |
| ●京華 | ナイト説明会 | 11月17日(金) | 18:30 | 要 | |
| | 適性検査型入試説明会 | 11月26日(日) | 10:00 | 不 | |
| | 中学説明会 | 11月26日(日) | 14:00 | 不 | |
| | ナイト説明会 | 12月8日(金) | 18:30 | 要 | |
| | 個別相談会 | 12月17日(日) | 10:30 | 不 | |
| | 中学説明会 | 12月17日(日) | 14:30 | 不 | |
| | | 1月7日(日) | 9:00 | 不 | |
| | 個別相談会 | 1月14日(日) | 11:00 | 不 | |
| ◯京華女子 | 中学説明会 | 11月26日(日) | 10:30 | 不 | |
| | 入試問題セミナー | 12月10日(日) | 9:00 | 要 | |
| | 中学説明会 | 12月24日(日) | 14:30 | 要 | |
| | 直前ガイダンス | 1月14日(日) | 10:30 | 不 | |
| ◯恵泉女学園 | 入試説明会 | 11月23日(木) | 10:30 | 要 | |
| | | 11月23日(木) | 14:00 | 要 | |
| | | 12月12日(火) | 10:00 | 要 | |
| | 学校説明会 | 12月16日(土) | 10:00 | 要 | |
| | クリスマス礼拝・ミニ説明会 | 12月18日(月) | 13:00 | 要 | |
| | 入試説明会 | 1月11日(木) | 10:00 | 要 | |
| ◎啓明学園 | 中学校説明会 | 11月18日(土) | 14:00 | 要 | |
| ◯光塩女子学院 | 学校説明会 | 11月18日(土) | 14:00 | 不 | |
| | 過去問説明会 | 12月2日(土) | 14:00 | 要 | |
| | 校内見学会 | 1月13日(土) | 10:30 | 要 | 6年生 |
| | | 1月27日(土) | 10:30 | 要 | 6年生 |
| ◯晃華学園 | 学校見学会 | 11月11日(土) | 10:00 | 要 | |
| | 入試説明会 | 11月23日(木) | 10:00 | 要 | 6年生 |
| | 学校説明会 | 11月23日(木) | 10:00 | 要 | 1～5年生 |
| | 学校見学会 | 12月2日(土) | 10:00 | 要 | |
| | | 1月13日(土) | 10:00 | 要 | |
| ◎工学院大学附属 | 学校説明会 | 11月23日(木) | 10:00 | 要 | |
| | 入試本番模擬体験 | 11月23日(木) | 10:00 | 要 | 6年生 |
| | クリスマス説明会&相談会 | 12月25日(月) | 10:00 | 要 | |
| | 学校説明会 | 1月13日(土) | 14:00 | 要 | |
| ●攻玉社 | オープンスクール | 11月18日(土) | 13:30 | 要 | 4年生～6年生 |
| | | 11月18日(土) | 14:45 | 要 | 4年生～6年生 |
| | 土曜説明会 | 11月25日(土) | 11:00 | 要 | |
| | 入試説明会 | 12月2日(土) | 10:20 | 不 | 6年生 |
| | | 1月13日(土) | 10:20 | 不 | 6年生 |
| ◯麴町学園女子 | 学校説明会 | 11月15日(水) | 10:00 | 要 | |
| | | 12月2日(土) | 10:00 | 要 | |
| | 入試直前！入試体験 | 12月10日(日) | 9:00 | 要 | |
| | | 12月17日(日) | 9:00 | 要 | |
| | 学習アドバイス | 12月24日(日) | 9:00 | 要 | |
| | 入試説明会 | 1月12日(金) | 10:00 | 要 | |
| | | 1月20日(土) | 10:00 | 要 | |
| ●佼成学園 | 学校説明会 | 11月10日(金) | 18:30 | 要 | |
| | 学校説明会・入試問題解説会 | 11月23日(木) | 10:00 | 要 | |
| | 適性検査型学校説明会 | 12月10日(日) | 9:30 | 要 | |
| | 学校説明会・入試問題解説会 | 12月17日(日) | 10:00 | 要 | |
| | 学校説明会・入試体験会 | 1月7日(日) | 10:00 | 要 | |
| | 適性検査型学校説明会 | 1月8日(月) | 9:30 | 要 | |
| | ファイナル個別相談会 | 1月12日(金) | 13:00 | 要 | |
| | | 1月13日(土) | 9:00 | 要 | |
| | | 1月14日(日) | 9:00 | 要 | |
| ◯佼成学園女子 | 学校説明会 | 11月12日(日) | 10:30 | 要 | |
| | PISA型入試問題学習会 | 12月10日(日) | 10:30 | 要 | 5、6年生 |

| 学校名 | 行事内容 | 開催日 | 開始時間 | 予約 | 備考 |
|---|---|---|---|---|---|
| □自由学園 | 学校説明会（女子部） | 12月23日（土） | 10:00 | 要 | |
| | 入試対策勉強会（女子部） | 12月23日（土） | 11:00 | 要 | 5、6年生 |
| | 個別相談会（女子部） | 1月8日（月） | 10:00 | 要 | 6年生 |
| | 入試対策勉強会（男子部） | 1月8日（月） | 14:00 | 要 | 6年生 |
| ◎秀光 | 入試説明会 | 12月3日（日） | 14:00 | 要 | アルカディア市ヶ谷 |
| ◎修徳 | 学校説明会 | 11月18日（土） | 14:00 | 不 | |
| | | 12月9日（土） | 14:00 | 不 | |
| | | 1月6日（土） | 14:00 | 不 | |
| ◎自由の森学園 | 入試体験会 | 11月12日（日） | 10:00 | 要 | 受験生（6年生） |
| | 公開研究会 | 11月18日（土） | | 不 | |
| | | 11月19日（日） | | 不 | |
| | わくわくワーク | 11月25日（土） | 10:20 | 要 | 4～6年生 |
| | 池袋学校説明会・個別相談会 | 11月26日（日） | 10:00 | 不 | 池袋ABCアットビジネスセンター |
| | わくわくワーク | 12月9日（土） | 9:30 | 要 | 4～6年生 |
| | 音楽祭 | 12月15日（金） | 9:30 | 不 | |
| | | 12月16日（土） | 9:30 | 不 | |
| | 学校説明会・個別相談会 | 12月24日（日） | 9:00 | 不 | |
| | 個別相談会 | 1月6日（土） | 9:00 | 不 | |
| ◎秀明 | 学校説明会 | 11月19日（日） | 12:00 | 不 | |
| ◎秀明大学学校教師学部附属秀明八千代 | 学校説明会 | 11月12日（日） | 10:00 | 要 | |
| | 入試直前学習会 | 11月25日（土） | 10:00 | 要 | |
| | 学校説明会 | 12月23日（土） | 10:00 | 要 | |
| ○十文字 | イブニング説明会 | 11月17日（金） | 18:45 | 要 | |
| | 入試体験会 | 11月19日（日） | 10:00 | 要 | 6年生 |
| | | 12月17日（日） | 10:00 | 要 | 6年生 |
| | 個別相談会 | 12月23日（土） | 10:00 | 不 | |
| | | 1月6日（土） | 10:00 | 不 | |
| ◎淑徳 | 学校説明会 | 11月26日（日） | 9:30 | 要 | |
| | | 12月10日（日） | 9:30 | 要 | |
| ○淑徳SC | 学校説明会 | 11月12日（日） | 11:00 | 要 | |
| | 入試説明会 | 11月18日（土） | 14:00 | 要 | |
| | | 11月19日（日） | 11:00 | 要 | |
| | | 11月19日（日） | 14:00 | 要 | |
| | | 11月23日（木） | 11:00 | 要 | |
| | | 11月23日（木） | 14:00 | 要 | |
| | | 11月25日（土） | 14:00 | 要 | |
| | | 11月26日（日） | 11:00 | 要 | |
| | | 11月26日（日） | 14:00 | 要 | |
| | | 12月2日（土） | 14:00 | 要 | |
| | | 12月3日（日） | 11:00 | 要 | |
| | | 12月3日（日） | 14:00 | 要 | |
| | | 12月9日（土） | 14:00 | 要 | |
| | | 12月10日（日） | 11:00 | 要 | |
| | | 12月10日（日） | 14:00 | 要 | |
| | | 12月16日（土） | 14:00 | 要 | |
| | | 1月6日（土） | 14:00 | 要 | |
| | | 1月14日（日） | 14:00 | 要 | |
| ◎淑徳巣鴨 | 入試体験+学校説明会 | 11月19日（日） | 8:50 | 要 | |
| | 学校説明会 | 12月17日（日） | 10:00 | 要 | |
| | 中学入試対策説明会 | 1月7日（日） | 10:00 | 要 | |
| | | 1月7日（日） | 14:00 | 要 | |
| ◎順天 | 授業見学会 | 11月15日（水） | | 要 | 保護者 |
| | 読書感想文発表会・弁論大会 | 11月27日（月） | 13:30 | 要 | 保護者、王子キャンパス |
| | 学校説明会 | 12月16日（土） | 13:00 | 不 | |
| ◎松蔭 | 学校説明会 | 11月23日（木） | 13:00 | 不 | |
| | | 12月2日（土） | 13:00 | 不 | |
| ○頌栄女子学院 | クリスマスこども会 | 11月25日（土） | 13:00 | 要 | |
| ●城西川越 | オープンスクール | 11月11日（土） | 10:30 | 要 | |
| | 問題解説学習会 | 11月23日（木） | | 要 | |
| | 入試相談会 | 12月2日（土） | 9:00 | 要 | |
| | 学校説明会 | 12月2日（土） | 14:30 | 不 | |
| ◎城西大学附属城西 | 学校説明会 | 11月25日（土） | 14:30 | 要 | |

サ

| 学校名 | 行事内容 | 開催日 | 開始時間 | 予約 | 備考 |
|---|---|---|---|---|---|
| ◎埼玉平成 | 個別相談会 | 12月2日（土） | 13:00 | 要 | |
| | | 12月9日（土） | 13:00 | 要 | |
| | 入試説明会 | 12月16日（土） | 10:00 | 要 | |
| | 個別相談会 | 12月16日（土） | 13:00 | 要 | |
| | | 12月23日（土） | 13:00 | 要 | |
| ◎栄東 | 入試問題学習会 | 11月23日（木） | 8:30 | 要 | 受験生（6年生） |
| | 入試説明会 | 11月23日（木） | 8:40 | 不 | |
| | 入試問題学習会 | 11月23日（木） | 14:00 | 要 | 受験生（6年生） |
| | 入試説明会 | 11月23日（木） | 14:10 | 不 | |
| | | 12月9日（土） | 10:00 | 不 | |
| ○相模女子大学 | 学校説明会 | 11月14日（火） | 10:00 | 要 | |
| | | 12月2日（土） | 10:00 | 要 | |
| | ナイト説明会 | 12月15日（金） | 19:00 | 不 | |
| | 学校説明会 | 1月7日（日） | 10:00 | 要 | |
| | ナイト説明会 | 1月19日（金） | 19:00 | 不 | |
| ◎桜丘 | 入試説明会 | 11月12日（日） | 10:00 | 要 | |
| | ナイト説明会 | 11月22日（水） | 18:30 | 要 | 保護者 |
| | 入試説明会 | 12月17日（日） | 10:00 | 要 | |
| | 入試直前対策会 | 1月7日（日） | 9:00 | 要 | |
| | 入試説明会 | 1月13日（土） | 14:00 | 要 | |
| ◎狭山ヶ丘高等学校付属 | 学校見学説明会 | 11月12日（日） | 10:00 | 不 | |
| | | 12月2日（土） | 10:00 | 不 | |
| ●サレジオ学院 | 入試説明会 | 11月11日（土） | 14:00 | 要 | |
| ◎志学館 | 入試説明会 | 11月11日（土） | 10:00 | 要 | |
| | 入試相談会 | 12月9日（土） | 10:00 | 要 | |
| ◎実践学園 | 入試説明会 | 11月18日（土） | 10:30 | 不 | |
| | 中学合唱コンクール | 11月22日（水） | 10:00 | 不 | 杉並公会堂 |
| | 入試説明会 | 11月24日（金） | 18:00 | 不 | |
| | | 12月10日（日） | 14:00 | 不 | |
| | | 1月13日（土） | 14:00 | 不 | |
| ○実践女子学園 | 学校説明会 | 11月11日（土） | 13:00 | 要 | |
| | | 12月16日（土） | 13:00 | 要 | |
| | | 1月13日（土） | 10:30 | 要 | |
| ○品川女子学院 | 入試説明会夜の部 | 11月10日（金） | 18:50 | 要 | 保護者 |
| | オープンキャンパス | 11月18日（土） | 14:00 | 要 | |
| | 入試ミニ説明会 | 11月25日（土） | 10:00 | 要 | 保護者 |
| | 20代教員による説明会 | 12月2日（土） | 10:00 | 要 | 保護者 |
| | 入試ミニ説明会夜の部 | 12月8日（金） | 18:50 | 要 | 保護者 |
| | 20代教員による説明会 | 12月24日（日） | 10:00 | 要 | 保護者 |
| | 長期休暇中ミニ説明会 | 12月26日（火） | 9:40 | 要 | |
| | | 12月26日（火） | 13:30 | 要 | |
| | | 12月28日（木） | 9:40 | 要 | |
| | | 12月28日（木） | 13:30 | 要 | |
| | 入試説明会 | 1月13日（土） | 10:00 | 要 | 保護者 |
| ●芝 | 学校説明会 | 11月25日（土） | 11:00 | 不 | |
| ◎芝浦工業大学柏 | 入試説明会 | 12月17日（日） | 14:00 | 不 | |
| ●芝浦工業大学附属 | 中学説明会 | 11月12日（日） | 9:00 | 要 | |
| | | 11月12日（日） | 13:00 | 要 | |
| | おもしろ授業体験 | 11月18日（土） | 13:45 | 要 | |
| | 小学生ロボットセミナー全国大会観戦会 | 11月19日（日） | | 要 | |
| | 中学説明会 | 11月22日（水） | | 要 | |
| | | 12月3日（日） | 午前 | 要 | |
| | | 12月3日（日） | 午後 | 要 | |
| ◎渋谷教育学園渋谷 | 学校説明会 | 11月18日（土） | 13:30 | 要 | |
| □自由学園 | 相談会（男子部） | 11月11日（土） | 16:00 | 要 | |
| | 学業報告会（男子部） | 11月11日（土） | 9:30 | 要 | |
| | 学業報告会（女子部） | 11月18日（土） | 9:30 | 要 | |
| | 相談会（女子部） | 11月18日（土） | 16:00 | 要 | |
| | 学校説明会（女子部） | 11月25日（土） | 11:00 | 要 | |
| | 入試対策勉強会（女子部） | 11月25日（土） | 13:30 | 要 | 5、6年生 |
| | 入試対策勉強会（男子部） | 11月25日（土） | 13:30 | 要 | 6年生 |
| | | 12月9日（土） | 13:30 | 要 | 6年生 |

| 学校名 | 行事内容 | 開催日 | 開始時間 | 予約 | 備考 |
|---|---|---|---|---|---|
| ◯白梅学園清修 | 授業見学会&ミニ学校説明会 | 1月13日(土) | 10:00 | 要 | |
| | | 1月20日(土) | 10:00 | 要 | |
| ◯白百合学園 | 学校説明会 | 11月11日(土) | 9:30 | 不 | |
| | | 12月2日(土) | 14:00 | 不 | |
| ●逗子開成 | 土曜見学会 | 11月11日(土) | 10:00 | 要 | |
| | 水曜見学会 | 11月15日(水) | 10:00 | 要 | |
| | 入試説明会 | 12月15日(金) | 14:00 | 要 | |
| ◎駿台学園 | 個別相談会 | 11月12日(日) | 10:00 | 要 | |
| | 学校説明会 | 11月18日(土) | 10:30 | 不 | |
| | 個別相談会 | 11月19日(日) | 10:00 | 要 | |
| | | 11月23日(木) | 10:00 | 要 | |
| | | 11月26日(日) | 10:00 | 要 | |
| | | 12月3日(日) | 10:00 | 要 | |
| | 学校説明会 | 12月9日(土) | 10:30 | 不 | |
| | 個別相談会 | 12月10日(日) | 10:00 | 要 | |
| | 学校説明会 | 12月16日(土) | 10:30 | 不 | |
| | 個別相談会 | 12月17日(日) | 10:00 | 要 | |
| | | 12月23日(土) | 10:00 | 要 | |
| | 学校説明会 | 1月6日(土) | 10:30 | 不 | |
| | | 1月13日(土) | 10:30 | 不 | |
| ●聖学院 | 学校説明会 | 11月25日(土) | 10:00 | 要 | |
| | | 12月23日(土) | 10:00 | 要 | |
| | | 1月13日(土) | 10:00 | 要 | |
| ●成城 | 学校説明会 | 11月11日(土) | 10:30 | 要 | |
| | | 12月2日(土) | 10:30 | 要 | |
| | | 1月13日(土) | 10:30 | 要 | |
| | | 1月13日(土) | 15:00 | 要 | |
| ◎成城学園 | 学校説明会 | 11月11日(土) | 14:00 | 不 | |
| ◯聖セシリア女子 | 学校見学会 | 11月27日(月) | 10:00 | 要 | |
| | 学校説明会 | 12月16日(土) | 10:00 | 不 | |
| | 学校見学会 | 1月16日(火) | 10:00 | 要 | |
| ◯清泉女学院 | 親子見学会 | 11月18日(土) | 10:00 | 要 | |
| | 学校説明会 | 11月25日(土) | 10:00 | 不 | |
| | 親子見学会 | 12月9日(土) | 10:00 | 要 | |
| ◯聖徳大学附属女子 | 学校説明会 | 11月12日(日) | 9:30 | 要 | |
| | | 11月26日(日) | 9:30 | 要 | |
| | ミニ説明会 | 12月16日(土) | 9:30 | 要 | |
| | 個別相談会 | 12月23日(土) | 9:30 | 要 | |
| | | 12月24日(日) | 9:30 | 要 | |
| | 学校説明会 | 1月7日(日) | 9:30 | 要 | |
| ◯星美学園 | 入試対策会 | 11月11日(土) | 14:00 | 要 | 6年生 |
| | 学校説明会 | 12月23日(土) | 14:00 | 要 | |
| | 授業体験会 | 12月23日(土) | 15:00 | 要 | 受験生 |
| | 入試体験会 | 1月7日(日) | 8:30 | 要 | 受験生(6年生) |
| ◎西武学園文理 | 適性検査型入試説明会 | 11月中旬 | 19:30 | 要 | 立川アイムホール |
| | 入試説明会 | 11月18日(土) | 14:30 | 不 | |
| | | 12月2日(土) | 10:30 | 不 | |
| ◎西武台千葉 | 学校説明会 | 11月12日(日) | 10:00 | 要 | |
| | | 11月18日(土) | 14:00 | 要 | |
| | 個別相談会 | 11月26日(日) | 10:00 | 要 | |
| | 学校説明会 | 12月16日(土) | 14:00 | 要 | |
| ◎聖望学園 | 学校説明会 | 11月19日(日) | 10:00 | 要 | 4～6年生 |
| | 入試問題解説授業 | 11月19日(日) | 10:50 | 要 | 受験生(5、6年生) |
| | クリスマスツリー点火式 | 12月1日(金) | 17:00 | 不 | 1～6年生 |
| | 学校説明会 | 12月9日(土) | 14:30 | 要 | 4～6年生 |
| | 入試問題解説授業 | 12月9日(土) | 15:20 | 要 | 受験生(5、6年生) |
| ◯聖ヨゼフ学園 | 学校説明会 | 11月18日(土) | 10:00 | 不 | |
| | 入試問題勉強会 | 11月18日(土) | 10:00 | 要 | 6年生 |
| | クリスマスバザー・ワークショップ | 11月26日(日) | 10:00 | 不 | |
| | 総合型入試説明会 | 12月1日(金) | 10:30 | 要 | 保護者 |
| | 体験入試 | 12月17日(日) | 9:00 | 要 | 5、6年生 |
| | 入試説明会 | 1月8日(月) | 10:00 | 不 | |
| ◎成立学園 | 個別相談会 | 11月14日(火) | 12:00 | 不 | |
| | | 11月18日(土) | 12:00 | 不 | |
| | 「ナショジオ入試」体験会 | 11月18日(土) | 14:00 | 要 | |
| | 個別相談会 | 12月2日(土) | 12:00 | 不 | |

| 学校名 | 行事内容 | 開催日 | 開始時間 | 予約 | 備考 |
|---|---|---|---|---|---|
| ◎城西大学附属城西 | 入試説明会 | 12月9日(土) | 14:30 | 要 | |
| | | 1月13日(土) | 14:30 | 要 | |
| ◎常総学院 | 入試説明会 | 11月18日(土) | 10:00 | 要 | |
| | 入試説明会in柏の葉 | 12月2日(土) | 10:00 | 要 | 柏の葉カンファレンスセンター |
| ◎聖徳学園 | 体験授業&説明会 | 11月18日(土) | 14:30 | 要 | |
| | 適性検査型説明会 | 11月25日(土) | 10:00 | 要 | 保護者 |
| | イブニング説明会 | 11月29日(水) | 18:00 | 要 | 保護者 |
| | 過去問体験&説明会 | 12月16日(土) | 14:30 | 要 | |
| | | 1月13日(土) | 14:30 | 要 | |
| ◎湘南学園 | 入試説明会 | 11月22日(水) | 9:30 | 要 | |
| | 公開授業 | 11月24日(金) | 10:00 | 不 | |
| | 入試説明会 | 12月16日(土) | 9:00 | 要 | 6年生 |
| | 入試直前学校見学・ミニ説明会 | 1月13日(土) | 10:00 | 要 | 6年生 |
| | | 1月20日(土) | 10:00 | 要 | 6年生 |
| | 合唱コンクール | 1月23日(火) | 10:00 | 不 | 藤沢市民会館大ホール |
| ◯湘南白百合学園 | 学校見学会 | 11月16日(木) | 10:15 | 要 | |
| | 入試直前説明会 | 12月9日(土) | 9:30 | 要 | 6年生 |
| ◎昌平 | 学校説明会 | 11月11日(土) | 14:00 | | |
| | | 11月30日(木) | 10:00 | | |
| | | 12月16日(土) | 10:00 | | |
| ●城北 | 入試説明会 | 11月23日(木) | 10:00 | 要 | |
| | | 12月2日(土) | 13:30 | 要 | |
| | 施設見学会 | 12月16日(土) | 13:30 | 要 | |
| | 理科自由研究展示会 | 12月16日(土) | 13:30 | 不 | |
| | | 12月17日(日) | 10:00 | 不 | |
| ●城北埼玉 | 学校説明会 | 11月18日(土) | 13:30 | 不 | |
| | | 12月10日(日) | 10:00 | 不 | |
| ◎昭和学院 | 学校説明会 | 11月11日(土) | 13:15 | 要 | |
| | | 12月16日(土) | 13:15 | 要 | |
| ◎昭和学院秀英 | 入試説明会 | 11月11日(土) | 10:00 | 要 | |
| ◯昭和女子大学附属昭和 | 昭和祭 | 11月11日(土) | 10:00 | 不 | |
| | | 11月12日(日) | 10:00 | 不 | |
| | オープンスクール | 11月20日(月) | 10:30 | 不 | |
| | 学校説明会 | 11月23日(木) | 10:00 | 不 | |
| | 入試問題解説 | 11月23日(木) | 10:00 | 要 | 受験生(6年生) |
| | 学校説明会 | 12月17日(日) | 10:00 | 不 | |
| | 入試問題解説 | 12月17日(日) | 10:00 | 要 | 受験生(6年生) |
| | 体験授業・体験クラブ | 12月17日(日) | 10:00 | 要 | 受験生 |
| | イングリッシュフェスティバル | 1月19日(金) | 8:30 | 不 | |
| | 学校説明会 | 1月20日(土) | 10:00 | 不 | |
| ◯女子学院 | 学校説明会 | 11月11日(土) | 10:00 | 要 | 保護者 |
| ◯女子聖学院 | 学校説明会 | 11月14日(火) | 10:00 | 要 | |
| | | 11月18日(土) | 14:00 | 要 | |
| | 女子聖Jr.Workshop | 11月25日(土) | 11:00 | 要 | 3～6年生 |
| | 入試体験会 | 12月2日(土) | 9:00 | 要 | 6年生 |
| | PTAクリスマス | 12月9日(土) | 13:30 | 要 | |
| | 学校説明会 | 1月13日(土) | 9:30 | 要 | 6年生 |
| | JSGプレシャス説明会 | 1月13日(土) | 11:00 | 要 | 保護者 |
| | ミニ説明会&個別相談 | 1月20日(土) | 10:00 | 要 | 6年生 |
| ◯女子美術大学付属 | 公開授業 | 11月18日(土) | 8:35 | 不 | |
| | 女子美二ケ中学生・高校生美術展 | 11月23日(木)～12月1日(金) | 10:00 | 不 | |
| | 公開授業 | 11月25日(土) | 8:35 | 不 | |
| | 学校説明会 | 11月25日(土) | 14:00 | 不 | |
| | ミニ学校説明会 | 12月2日(土) | 14:00 | 不 | |
| | | 1月13日(土) | 14:00 | 不 | |
| ◯白梅学園清修 | 入試説明会 | 11月18日(土) | 14:00 | 要 | |
| | 適性検査型入試説明会 | 11月25日(土) | 14:00 | 要 | |
| | 入試説明会 | 12月2日(土) | 14:00 | 要 | |
| | 適性検査型入試体験会 | 12月23日(土) | 8:45 | 要 | 受験生(6年生) |
| | 適性検査型入試体験会解説授業 | 12月25日(月) | 10:00 | 要 | 6年生 |

| 学校名 | 行事内容 | 開催日 | 開始時間 | 予約 | 備考 |
|---|---|---|---|---|---|
| ◎多摩大学附属聖ヶ丘 | 合唱コンクール | 12月21日(木) | 12:00 | 不 | パルテノン多摩 |
| | 学校説明会 | 1月7日(日) | 10:00 | 不 | 6年生 |
| ◎多摩大学目黒 | 英会話体験と部活動体験 | 11月18日(土) | 10:00 | 要 | |
| | 学校説明会 | 12月2日(土) | 10:00 | 不 | |
| | | 1月12日(金) | 19:00 | 不 | |
| | | 1月13日(土) | 10:00 | 不 | |
| ◎千葉日本大学第一 | 学校説明会 | 11月11日(土) | 14:00 | 要 | |
| | 習陵祭 | 11月18日(土) | 9:00 | 不 | |
| | | 11月19日(日) | 9:00 | 不 | |
| ◎中央大学附属 | 授業公開 | 11月18日(土) | 8:45 | 不 | |
| | 学校説明会 | 11月18日(土) | 13:00 | 不 | |
| ◎中央大学附属横浜 | 学校説明会 | 11月25日(土) | 14:00 | 要 | |
| ◎土浦日本大学 | 入試問題解説会 | 11月18日(土) | 10:00 | 要 | |
| ◎鶴見大学附属 | 学校説明会 | 11月11日(土) | 10:00 | 不 | |
| | ミニ説明会 | 11月17日(金) | 10:00 | 不 | |
| | 校長先生と学校散歩 | 11月18日(土) | 10:00 | 要 | |
| | 合唱祭 | 11月21日(火) | 13:00 | 不 | |
| | 入試問題の傾向と対策 | 11月25日(土) | 10:00 | 不 | |
| | サテライト説明会 | 12月1日(金) | 19:00 | 要 | |
| | ミニ説明会 | 12月4日(月) | 10:00 | 不 | |
| | 校長先生と学校散歩 | 12月9日(土) | 10:00 | 要 | |
| | 入試模擬体験 | 12月16日(土) | 9:00 | 要 | |
| | 入試直前説明会 | 1月13日(土) | 10:00 | 不 | |
| | ミニ説明会 | 1月27日(土) | 10:00 | 不 | |
| ◎帝京 | 合唱コンクール | 11月21日(火) | | 不 | 川口リリアホール |
| | 個別相談会 | 11月25日(土) | 10:00 | 不 | |
| | 入試問題研究会 | 12月16日(土) | 13:30 | 要 | |
| | 直前！入試問題説明会 | 1月13日(土) | 13:30 | 不 | |
| ◎帝京大学 | 学校説明会 | 11月15日(水) | 10:00 | 不 | 初めて説明会に参加する方 |
| | 帝京大学中学基本情報説明会 | 12月17日(日) | 9:30 | 要 | |
| | 学校説明会 | 12月17日(日) | 10:30 | 不 | |
| | 国語算数過去問解説授業 | 12月17日(日) | 10:30 | 不 | 受験生 |
| | 帝京大学中学基本情報説明会 | 1月6日(土) | 9:30 | 要 | |
| | 学校説明会 | 1月6日(土) | 10:30 | 不 | |
| | 国語算数過去問解説授業 | 1月6日(土) | 10:30 | 不 | 受験生 |
| ◎帝京八王子 | 入試問題解説 | 11月11日(土) | 10:40 | 不 | |
| | ランチ体験 | 11月11日(土) | 12:10 | 不 | 午前からの来校者 |
| | 学校説明会 | 11月11日(土) | 13:00 | 不 | |
| | 公開授業・学校説明会 | 11月17日(金) | 10:30 | 不 | |
| | 体験入試 | 11月26日(日) | 11:00 | 不 | |
| | 学校説明会 | 11月26日(日) | 11:00 | 不 | 保護者 |
| | 体験入試 | 12月3日(日) | 11:00 | 不 | |
| | 学校説明会 | 12月3日(日) | 11:00 | 不 | 保護者 |
| | 適性検査模試 | 12月17日(日) | 11:00 | 不 | |
| | 学校説明会 | 12月17日(日) | 11:00 | 不 | 保護者 |
| | 適性検査模試 | 1月8日(月) | 11:00 | 不 | |
| | 学校説明会 | 1月8日(月) | 11:00 | 不 | 保護者 |
| ◎貞静学園 | 学校説明会 | 11月18日(土) | 10:00 | 不 | |
| | プレテスト | 11月25日(土) | 10:00 | 要 | |
| | 入試対策講座 | 12月23日(土) | 9:00 | 要 | |
| | 学校説明会 | 1月6日(土) | 10:00 | 不 | |
| ○田園調布学園 | 入試直前説明会 | 12月2日(土) | 10:00 | 要 | |
| | 入試直前説明会(夜) | 12月8日(金) | 19:30 | 要 | |
| | | 1月10日(水) | 19:30 | 要 | |
| | 定期音楽会 | 1月25日(木) | 12:30 | 不 | |
| □桐蔭学園 | 説明会 | 11月21日(火) | 10:00 | 要 | 1～5年生 |
| | 入試体験会・入試説明会 | 12月16日(土) | | 要 | 6年生 |
| | 6年生対象説明会 | 1月20日(土) | 10:00 | 要 | 6年生 |

サ

| 学校名 | 行事内容 | 開催日 | 開始時間 | 予約 | 備考 |
|---|---|---|---|---|---|
| ◎成立学園 | 個別相談会 | 12月9日(土) | 12:00 | 不 | |
| | | 12月16日(土) | 12:00 | 不 | |
| | わかるテスト | 12月17日(日) | 8:30 | 要 | 6年生 |
| | 学校説明会 | 12月17日(日) | 10:00 | 要 | |
| | 個別相談会 | 12月23日(土) | 12:00 | 不 | |
| | | 12月24日(日) | 12:00 | 不 | |
| | | 12月25日(月) | 12:00 | 不 | |
| | わかるテスト | 1月5日(金) | 8:30 | 要 | 6年生 |
| | 学校説明会 | 1月5日(金) | 10:00 | 要 | |
| ◎青稜 | 体験入学 | 11月18日(土) | 14:00 | 要 | |
| | 入試説明会 | 11月25日(土) | 10:30 | 不 | 保護者 |
| | 個別相談 | 1月10日(水) | 10:30 | 不 | 保護者 |
| ○聖和学院 | 入試問題解説会 | 11月18日(土) | 10:00 | 不 | |
| | 学校説明会 | 12月9日(土) | 10:00 | 不 | |
| | 入試対策説明会 | 1月13日(土) | 10:00 | 不 | |
| | 個別相談会 | 1月20日(土) | 10:00 | 要 | |
| | | 1月27日(土) | 10:00 | 要 | |
| ●世田谷学園 | 入試説明会 | 11月11日(土) | 10:30 | 要 | 6年生 |
| | | 11月22日(水) | 10:30 | 要 | 6年生 |
| | | 11月25日(土) | 10:30 | 要 | 6年生 |
| | | 12月2日(土) | 10:30 | 要 | 6年生 |
| | | 12月9日(土) | 10:30 | 要 | 1～5年生 |
| | 入試直前説明会 | 12月16日(土) | 10:30 | 要 | |
| ◎専修大学松戸 | 学校説明会 | 12月10日(日) | 10:00 | 不 | |
| | ダイジェスト版学校説明会 | 1月7日(日) | 14:00 | 要 | 6年生 |
| ○洗足学園 | 学校説明会 | 11月25日(土) | 10:00 | 不 | |
| | 入試問題説明会 | 12月16日(土) | 8:30 | 要 | |
| | | 12月16日(土) | 13:00 | 要 | |
| ○捜真女学校 | 学校説明会 | 11月11日(土) | 10:00 | 要 | |
| | 捜真クルーズ | 11月18日(土) | 13:30 | 要 | |
| | ナイト説明会 | 12月1日(金) | 18:30 | 要 | |
| | 捜真クルーズ | 12月16日(土) | 13:30 | 要 | |
| | 学校説明会 | 1月13日(土) | 10:00 | 要 | |
| | 捜真クルーズ | 1月下旬 | 13:30 | 要 | |
| ◎相洋 | 音楽会 | 11月11日(土) | 10:00 | 不 | |
| | 学校説明会 | 12月10日(日) | 10:00 | 要 | 4年生 |

タ

| 学校名 | 行事内容 | 開催日 | 開始時間 | 予約 | 備考 |
|---|---|---|---|---|---|
| ●高輪 | 入試説明会 | 12月2日(土) | 14:00 | 要 | |
| | | 1月8日(月) | 10:00 | 要 | |
| ○瀧野川女子学園 | 入試チャレンジ2科・4科 | 11月18日(土) | 13:30 | 要 | 6年生 |
| | 入試チャレンジ解説会・チャレンジグローバル方式 | 11月25日(土) | 13:30 | 要 | 6年生 |
| | 学校説明会 | 12月16日(土) | 13:30 | 不 | 6年生 |
| | | 1月13日(土) | 13:30 | 不 | 6年生 |
| | 個別相談会 | 1月20日(土) | 13:30 | 不 | 6年生 |
| ◎橘学苑 | オープンスクール | 11月18日(土) | 10:00 | 要 | |
| | 学校説明会 | 11月18日(土) | 10:00 | 不 | |
| | | 12月23日(土) | 8:30 | 不 | |
| | 受験生の模擬試験 | 12月23日(土) | 8:20 | 要 | 受験生 |
| | ミニ説明会 | 1月10日(水) | 10:00 | 要 | 保護者 |
| ◎玉川学園 | 入試問題チャレンジ会 | 11月18日(土) | 10:00 | 要 | |
| | 学校説明会 | 11月24日(金) | 19:00 | 要 | 大学教育棟2014 |
| | 入試問題説明会 | 12月2日(土) | 10:00 | 要 | |
| | 音楽祭 | 12月12日(火) | | 要 | パルテノン多摩 |
| | 学校説明会 | 1月17日(水) | 10:00 | 要 | |
| ○玉川聖学院 | 学校説明会 | 11月23日(木) | 9:00 | 要 | 6年生 |
| | | 12月2日(土) | 10:00 | 要 | |
| | 適性検査型入試説明会 | 12月16日(土) | 9:00 | 要 | 6年生 |
| | 学校説明会 | 1月13日(土) | 10:00 | 要 | |
| | 適性検査型入試説明会 | 1月13日(土) | 10:00 | 要 | |
| ◎多摩大学附属聖ヶ丘 | アフタヌーン説明会 | 11月16日(木) | 14:30 | 要 | |
| | 適性型入試説明会 | 11月25日(土) | 14:00 | 要 | |
| | アフタヌーン説明会 | 11月27日(月) | 14:30 | 要 | |
| | 学校説明会 | 12月9日(土) | 14:00 | 不 | 6年生 |

| 学校名 | 行事内容 | 開催日 | 開始時間 | 予約 | 備考 |
|---|---|---|---|---|---|
| ◎東京都市大学等々力 | AL入試　思考力・協働力テスト説明会 | 12月23日（土） | 10:00 | 要 | |
| | 入試説明会 | 1月8日（月） | 10:00 | 要 | |
| | | 1月8日（月） | 10:30 | 要 | |
| ●東京都市大学付属 | 入試説明会 | 11月23日（木） | 10:00 | 要 | |
| | 土曜ミニ説明会 | 12月2日（土） | 10:00 | 要 | |
| | 入試説明会 | 1月14日（日） | 10:00 | 要 | |
| | 土曜ミニ説明会 | 1月20日（土） | 10:00 | 要 | |
| ◎東京農業大学第一高等学校 | 入試説明会 | 12月10日（日） | 10:00 | 要 | ６年生、大学百周年講堂 |
| | | 12月10日（日） | 14:00 | 要 | ６年生、大学百周年講堂 |
| | 学校説明会 | 1月7日（日） | 10:00 | 要 | |
| ◎東京農業大学第三高等学校附属 | 入試模擬体験 | 11月23日（木） | 9:30 | 要 | |
| | 説明会 | 12月9日（土） | 9:30 | 要 | |
| ◎東京立正 | 学校説明会 | 11月11日（土） | 10:00 | 不 | |
| | | 11月18日（土） | 10:00 | 不 | |
| | 校内合唱コンクール | 11月25日（土） | 9:00 | 不 | |
| | 学校説明会 | 12月9日（土） | 10:00 | 不 | |
| | | 1月13日（土） | 14:00 | 不 | |
| □桐光学園 | 中学校入試問題説明会 | 11月18日（土） | 13:30 | 不 | |
| | 中学校帰国生対象入試問題説明会 | 12月16日（土） | 13:30 | 不 | |
| | 入試直前中学校説明会 | 12月24日（日） | 10:30 | 要 | ６年生 |
| ◎東星学園 | 学校説明会 | 11月12日（日） | 10:00 | 要 | |
| | | 12月2日（土） | 14:00 | 要 | |
| | 入試個別相談 | 12月15日（金） | 10:00 | 要 | |
| | | 12月16日（土） | 10:00 | 要 | |
| | | 12月18日（月） | 10:00 | 要 | |
| | クリスマス会 | 12月22日（金） | 9:30 | 要 | |
| | 中学入試体験会 | 1月13日（土） | 13:30 | 要 | |
| ●桐朋 | 学校説明会 | 11月25日（土） | 14:00 | 要 | |
| ○桐朋女子 | 学校説明会 | 12月2日（土） | 14:00 | 要 | |
| | | 1月6日（土） | 10:00 | 要 | |
| ◎東邦大学付属東邦 | 学校見学会・説明会 | 11月11日（土） | 10:00 | 要 | |
| | | 11月18日（土） | 10:00 | 要 | |
| ○東洋英和女学院 | 学校説明会 | 11月11日（土） | 13:30 | 不 | |
| | 入試問題説明会 | 11月25日（土） | 9:00 | 不 | ６年生 |
| | クリスマス音楽会 | 12月9日（土） | 13:00 | 不 | |
| | | 12月9日（土） | 15:00 | 不 | |
| | ミニ説明会 | 12月26日（火） | 10:00 | 要 | ６年生 |
| ◎東洋大学京北 | 学校説明会 | 11月25日（土） | 15:00 | 要 | |
| | | 12月9日（土） | 15:00 | 要 | |
| | 入試問題対策会 | 12月17日（日） | 9:00 | 要 | 東洋大学白山キャンパス |
| | | 12月17日（日） | 13:30 | | |
| | 学校説明会 | 1月13日（土） | 15:00 | 要 | |
| ◎東洋大学附属牛久 | 入試説明会 | 11月19日（日） | 9:00 | 要 | |
| ○豊島岡女子学園 | 学校説明会 | 11月18日（土） | 10:30 | 要 | １〜４年生 |
| ●獨協 | 学校説明会 | 11月12日（日） | 13:30 | 不 | |
| | 体験授業 | 11月12日（日） | 14:00 | 要 | 受験生（４〜６年生） |
| | 入試説明会 | 12月24日（日） | 10:00 | 不 | |
| | 学校説明会 | 12月24日（日） | 11:30 | 不 | |
| | | 1月14日（日） | 10:00 | 不 | |
| ◎獨協埼玉 | 学校説明会 | 11月26日（日） | 10:00 | 不 | |
| | | 12月17日（日） | 10:00 | 不 | |
| ナ ○中村 | 学校説明会 | 11月25日（土） | 10:00 | 要 | |
| | | 12月8日（金） | 19:00 | 要 | |
| | | 12月16日（土） | 10:00 | 要 | |
| | ミニ説明会 | 1月13日（土） | 10:00 | 要 | |
| | | 1月27日（土） | 10:00 | 要 | |
| ◎二松學舍大学附属柏 | 中学校説明会 | 11月11日（土） | 14:00 | 不 | |
| | | 11月23日（木） | 9:30 | 不 | |
| | | 12月9日（土） | 9:30 | 不 | |
| | | 12月16日（土） | 14:00 | 不 | |
| | | 12月23日（土） | 9:30 | 不 | |
| | | 1月8日（月） | 9:30 | 不 | |

| 学校名 | 行事内容 | 開催日 | 開始時間 | 予約 | 備考 |
|---|---|---|---|---|---|
| ◎東海大学菅生高等学校 | 入試体験教室 | 11月25日（土） | 14:00 | 要 | |
| | 音楽祭 | 12月15日（金） | 13:00 | 不 | 秋川キララホール |
| | 入試体験教室 | 12月23日（土） | 10:00 | 要 | |
| | 学校説明会 | 1月13日（土） | 14:00 | 不 | |
| ◎東海大学付属浦安高等学校 | 学校説明会 | 11月12日（日） | 9:30 | 不 | |
| | | 12月16日（土） | 13:00 | 不 | |
| ◎東海大学付属相模高等学校 | 学校説明会 | 11月19日（日） | 10:00 | 不 | |
| | | 12月17日（日） | 10:00 | 不 | |
| ○東京家政学院 | 授業見学会 | 11月14日（火） | 11:00 | 要 | |
| | 過去問題解説説明会 | 11月25日（土） | 14:00 | | |
| | クリスマスイベント | 12月23日（土） | 10:00 | | |
| | 適性検査型対策 | 1月7日（日） | 10:00 | | |
| | 入試直前対策説明会 | 1月13日（土） | 14:00 | | |
| | 合唱祭 | 1月25日（木） | 13:00 | | 練馬文化センター |
| ○東京家政大学附属女子 | ミニ学校見学会 | 11月11日（土） | 10:00 | 要 | |
| | | 11月17日（金） | 10:00 | 要 | |
| | 学校説明会 | 11月18日（土） | 14:00 | 不 | |
| | ミニ学校見学会 | 11月24日（金） | 10:00 | 要 | |
| | | 12月2日（土） | 10:00 | 要 | |
| | 学校説明会 | 12月9日（土） | 14:00 | 要 | |
| | 入試個別相談会 | 12月17日（日） | 10:00 | 要 | |
| | | 12月23日（土） | 10:00 | 要 | |
| | | 12月24日（日） | 10:00 | 要 | |
| | | 12月26日（火） | 10:00 | 要 | |
| | | 12月27日（水） | 10:00 | 要 | |
| | | 12月28日（木） | 10:00 | 要 | |
| | スクールランチ試食会 | 1月11日（木） | 11:00 | 要 | ４〜６年生 |
| | ミニ学校見学会 | 1月12日（金） | 10:00 | 要 | |
| | | 1月19日（金） | 10:00 | 要 | |
| | 学校説明会 | 1月20日（土） | 14:00 | 不 | |
| ○東京純心女子 | 入試説明会 | 11月19日（日） | 14:00 | 不 | 保護者 |
| | 入試体験会 | 11月19日（日） | 14:00 | 要 | 受験生 |
| | 適性入試説明会 | 12月23日（土） | 9:00 | 不 | |
| | クリスマス・ページェント | 12月23日（土） | 10:30 | 要 | |
| | 入試説明会 | 1月8日（月） | 14:00 | 不 | 保護者 |
| | 入試体験会 | 1月8日（月） | 14:00 | 要 | 受験生 |
| | 個別相談会 | 1月13日（土） | 10:00 | 要 | |
| ○東京女学館 | 創立129周年記念祭 | 11月11日（土） | 11:15 | 不 | |
| | | 11月12日（日） | 9:00 | 不 | |
| | 入試説明会 | 11月18日（土） | 10:00 | 要 | ６年生 |
| | 学校説明会 | 12月22日（金） | 13:00 | 不 | |
| ○東京女子学園 | 学校説明会 | 11月12日（日） | 10:00 | 要 | |
| | 授業体験 | 11月12日（日） | 10:00 | 要 | |
| | 学校説明会 | 11月18日（土） | 14:00 | 要 | |
| | 思考力型・英語入試体験 | 11月18日（土） | 14:00 | 要 | 受験生 |
| | 学校説明会 | 12月17日（日） | 10:00 | 要 | |
| | 入試対策勉強会 | 12月17日（日） | 10:00 | 要 | 受験生（６年生） |
| | 学校説明会 | 12月17日（日） | 14:00 | 要 | |
| | 入試対策勉強会 | 12月17日（日） | 14:00 | 要 | 受験生（６年生） |
| | 学校説明会 | 1月13日（土） | 10:00 | 要 | |
| | | 1月27日（土） | 14:00 | 要 | |
| ◎東京成徳大学 | 学校説明会 | 11月19日（日） | 10:00 | 不 | |
| | 入試説明会 | 12月17日（日） | 10:00 | 不 | |
| | | 12月17日（日） | 13:30 | 不 | |
| | | 1月6日（土） | 10:00 | 不 | |
| | | 1月6日（土） | 13:30 | 不 | |
| | 学校説明会 | 1月21日（日） | 10:00 | 不 | |
| ◎東京電機大学 | 入試説明会 | 11月18日（土） | 14:00 | 要 | |
| | 入試過去問解説 | 12月16日（土） | 10:00 | 要 | ６年生 |
| | 入試説明会 | 1月8日（月） | 14:00 | 要 | |
| ◎東京都市大学等々力 | 入試説明会 | 11月18日（土） | 14:30 | 要 | |
| | | 12月17日（日） | 14:30 | 要 | |
| | | 12月17日（日） | 15:00 | 要 | |

| 学校名 | 行事内容 | 開催日 | 開始時間 | 予約 | 備考 |
|---|---|---|---|---|---|
| ○フェリス女学院 | 学校見学会 | 11月25日（土） | 10:00 | 要 | 受験生（５年生） |
| | | 11月25日（土） | 14:00 | 要 | 受験生（５年生） |
| ○富士見 | 学校説明会 | 11月18日（土） | 10:30 | 要 | |
| | | 11月25日（土） | 13:40 | 要 | １～５年生 |
| | | 12月２日（土） | 10:30 | 要 | |
| | | １月13日（土） | 10:30 | 要 | |
| ○富士見丘 | 学校説明会 | 11月23日（木） | 10:00 | 不 | |
| | 特別講座体験 | 11月23日（木） | 11:10 | 要 | |
| | 学校説明会 | 12月２日（土） | 10:00 | 不 | |
| | チャレンジ体験入試 | 12月２日（土） | 10:00 | 要 | |
| | 思考力セミナー | 12月２日（土） | 10:00 | 要 | |
| | 冬休み学校見学会 | 12月26日（火） | 10:00 | 要 | |
| | | 12月26日（火） | 11:00 | 要 | |
| | | 12月26日（火） | 14:00 | 要 | |
| | | 12月26日（火） | 15:00 | 要 | |
| | | 12月27日（水） | 10:00 | 要 | |
| | | 12月27日（水） | 11:00 | 要 | |
| | | 12月27日（水） | 14:00 | 要 | |
| | | 12月27日（水） | 15:00 | 要 | |
| | 学校説明会 | １月13日（土） | 13:00 | 不 | |
| | チャレンジ体験入試 | １月13日（土） | 13:00 | 要 | |
| | 思考力セミナー | １月13日（土） | 13:00 | 要 | |
| ○藤村女子 | 入試体験会 | 11月11日（土） | 14:00 | 不 | |
| | 学校説明会 | 12月９日（土） | 14:00 | 不 | |
| | 個別相談会 | １月13日（土） | 14:00 | 不 | |
| ●武相 | 中学説明会 | 12月３日（日） | 9:00 | 不 | 保護者 |
| | 中学プレ入試にチャレンジ！ | 12月９日（土） | 8:30 | 要 | ６年生 |
| | 中学説明会 | １月14日（日） | 9:00 | 不 | 保護者 |
| ◎武南 | 学校説明会 | 11月12日（日） | 10:30 | 不 | |
| | 入試体験会 | 11月26日（日） | 8:30 | 要 | |
| | | 12月17日（日） | 8:30 | 要 | |
| ○普連土学園 | バザー | 11月11日（土） | 10:00 | 不 | |
| | 学校説明会 | 11月17日（金） | 10:00 | 要 | 保護者 |
| | 入試解説会 | 12月９日（土） | 10:00 | 要 | ６年生 |
| | 生徒への質問会 | 12月16日（土） | 10:00 | 要 | |
| | 入試解説会 | １月13日（土） | 10:00 | 要 | ６年生 |
| ◎文化学園大学杉並 | 公開授業週間 | 11月13日（月） | | 不 | 保護者 |
| | | 11月14日（火） | | 不 | 保護者 |
| | | 11月15日（水） | | 不 | 保護者 |
| | | 11月16日（木） | | 不 | 保護者 |
| | | 11月17日（金） | | 不 | 保護者 |
| | | 11月18日（土） | | 不 | 保護者 |
| | オープンスクール | 11月18日（土） | 14:00 | 要 | |
| | プレミアム説明会（夜） | 11月28日（火） | 19:00 | 要 | |
| | 入試説明会（２科・４科型） | 12月２日（土） | 14:00 | 要 | |
| | 入試説明会（適性検査型） | 12月９日（土） | 14:00 | 要 | |
| | 学校説明会 | 12月17日（日） | 10:00 | 要 | |
| | 入試体験会 | １月13日（土） | 14:00 | 要 | |
| ○文京学院大学女子 | 入試解説：学校説明会 | 11月12日（日） | 10:00 | | |
| | | 11月12日（日） | 13:30 | | |
| | 授業が見られる相談会 | 11月18日（土） | 10:00 | | |
| | 入試体験 | 11月26日（日） | 9:00 | 要 | |
| | 学校説明会イブニングセッション | 12月１日（金） | 18:30 | | |
| | 入試体験 | 12月17日（日） | 9:00 | 要 | |
| | 入試解説学校説明会 | １月14日（日） | 10:00 | | |
| | | １月14日（日） | 13:30 | | |
| | 学校説明会 | １月20日（土） | 10:00 | | |
| | | １月20日（土） | 13:30 | | |
| | | １月20日（土） | 18:30 | | |
| | | １月28日（日） | 10:00 | | |
| | | １月28日（日） | 13:30 | | |
| ◎文教大学付属 | 学校説明会 | 11月11日（土） | 14:00 | 不 | |
| | イブニング説明会 | 11月24日（金） | 18:30 | 不 | |
| | ミニ説明会 | 11月29日（水） | 11:00 | 不 | |

| 学校名 | 行事内容 | 開催日 | 開始時間 | 予約 | 備考 |
|---|---|---|---|---|---|
| ナ ◎日本工業大学駒場 | 学校説明会 | 11月12日（日） | 10:00 | 不 | |
| | | 11月25日（土） | 14:00 | 不 | |
| | 適性検査型特別説明会 | 12月２日（土） | 10:00 | 不 | |
| | 平日説明会 | 12月11日（月） | 13:30 | 不 | |
| | 自己アピール適性検査型特別説明会 | １月11日（木） | 10:30 | 不 | |
| | 学校説明会 | １月14日（日） | 10:00 | 不 | |
| | 直前説明会 | １月20日（土） | 10:30 | 不 | |
| ◎新渡戸文化 | 学校説明会 | 11月18日（土） | 11:30 | 要 | |
| | イブニングミニ説明会 | 11月24日（金） | 19:00 | 要 | |
| | 学校説明会 | 12月２日（土） | 14:00 | 要 | |
| | イブニングミニ説明会 | 12月15日（金） | 19:00 | 要 | |
| | 入試説明会 | 12月16日（土） | 14:00 | 要 | |
| | | １月13日（土） | 14:00 | 要 | |
| ●日本学園 | ミニ説明会 | 11月21日（火） | 10:00 | 不 | |
| | | 12月１日（金） | 10:00 | 不 | |
| | ナイト説明会 | １月17日（水） | 18:30 | 不 | |
| | | １月26日（金） | 18:30 | 不 | |
| ○日本女子大学附属 | 入試問題解説会 | 11月18日（土） | 14:00 | 要 | 受験生（６年生） |
| | 中学校説明会 | 11月18日（土） | 14:10 | 不 | |
| | 親子天体観望会 | 12月２日（土） | 17:00 | 要 | |
| ◎日本大学 | 中学校説明会 | 11月25日（土） | 9:30 | 不 | |
| ◎日本大学第三 | 学校説明会 | 11月25日（土） | 13:45 | 要 | |
| | | １月13日（土） | 13:45 | 要 | |
| ◎日本大学第二 | 学校説明会 | 11月25日（土） | 14:00 | 不 | |
| | | １月13日（土） | 14:00 | 不 | |
| ●日本大学豊山 | 授業参観デー | 11月11日（土） | 8:30 | 不 | |
| | 学校説明会 | 11月19日（日） | 10:30 | 不 | |
| | 授業体験クラブ体験 | 11月19日（日） | 10:30 | 要 | 受験生 |
| | 入試説明会 | 12月３日（日） | 10:30 | 不 | |
| | 入試解法ミニ講座 | 12月３日（日） | 10:30 | 要 | 受験生 |
| | 入試説明会 | １月13日（土） | 14:00 | 不 | |
| | 入試解法ミニ講座 | １月13日（土） | 14:00 | 要 | 受験生 |
| ○日本大学豊山女子 | 学校説明会 | 11月25日（土） | 10:00 | 要 | |
| | | 12月９日（土） | 10:00 | 要 | |
| | | １月13日（土） | 10:00 | 要 | |
| | 授業見学ツアー | 毎週土曜 | 10:00 | 要 | |
| ハ ○函館白百合学園 | 東京説明会 | 11月19日（日） | 10:00 | 不 | 都内 |
| | | １月８日（月） | | | 都内 |
| ●函館ラ・サール | 学校説明会 | 11月19日（日） | 10:00 | 不 | フクラシア東京ステーション |
| | | 11月23日（木） | 10:00 | 不 | TOC有明 |
| ◎八王子学園八王子 | ナイト説明会 | 11月14日（火） | 18:00 | 要 | 保護者 |
| | 保護者対象説明会 | 11月16日（木） | 10:00 | 要 | 保護者 |
| | 入試問題ガイダンス＆説明会 | 11月18日（土） | 10:00 | 要 | |
| | 保護者対象説明会 | 12月１日（金） | 10:00 | 要 | 保護者 |
| | ナイト説明会 | 12月６日（水） | 18:00 | 要 | 保護者 |
| | 入試模擬問題体験＆説明会（２科・４科型） | 12月17日（日） | 10:00 | 要 | |
| | | 12月17日（日） | 13:00 | 要 | |
| | 入試模擬問題体験＆説明会（適性検査型） | 12月24日（日） | 10:00 | 要 | |
| | 冬期学校見学会 | １月６日（土） | 10:00 | 要 | 初来校の方 |
| | 保護者対象直前説明会 | １月11日（木） | 16:00 | 要 | 初来校の方 |
| | 入試直前対策説明会 | １月13日（土） | 10:00 | 要 | |
| | 保護者対象直前説明会 | １月15日（月） | 16:00 | 要 | 初来校の方 |
| | | １月19日（金） | 16:00 | 要 | 初来校の方 |
| | | １月23日（火） | 16:00 | 要 | 初来校の方 |
| ◎八王子実践 | 学校説明会 | 11月11日（土） | 14:00 | 要 | |
| | | 12月16日（土） | 14:00 | 要 | |
| ◎日出学園 | 一般入試説明会 | 12月２日（土） | 14:00 | 要 | |
| ◎広尾学園 | 入試傾向説明会 | 12月16日（土） | 10:00 | 要 | ６年生 |
| ○フェリス女学院 | 入試説明会・学校説明会 | 11月11日（土） | 10:00 | 不 | 保護者 |
| | | 11月11日（土） | 14:00 | 不 | 保護者 |

| 学校名 | 行事内容 | 開催日 | 開始時間 | 予約 | 備考 |
|---|---|---|---|---|---|
| 〇三輪田学園 | ミニ学校説明会 | 11月28日（火） | 10:30 | 要 | |
| | 校長と入試問題にチャレンジ | 12月２日（土） | 10:00 | 要 | 受験生（６年生） |
| | | 12月16日（土） | 10:00 | 要 | 受験生（６年生） |
| | 入試説明会 | 12月23日（土） | 13:30 | 要 | ６年生 |
| | | １月13日（土） | 10:30 | 要 | ６年生 |
| | ミニ学校説明会 | １月16日（火） | 10:30 | 要 | |
| ●武蔵 | 学校説明会 | 11月18日（土） | 13:30 | 不 | |
| ◎武蔵野 | 学校説明会 | 11月18日（土） | 13:00 | 要 | |
| | | 12月16日（土） | 10:00 | 要 | |
| | 入試模擬体験 | 12月16日（土） | 10:00 | 要 | |
| | 書き初め教室 | 12月22日（金） | 13:00 | 要 | |
| | 個別相談会 | １月13日（土） | 10:00 | 要 | |
| 〇武蔵野女子学院 | MJ入試説明会 | 11月23日（木） | 10:00 | 不 | |
| | 初めてのMJ | 12月１日（金） | 13:00 | 不 | |
| | MJ入試説明会 | 12月24日（日） | 10:00 | 不 | |
| | 初めてのMJ | １月８日（月） | 10:00 | 不 | |
| | | １月20日（土） | 10:00 | 不 | |
| ◎武蔵野東 | 学園祭 | 11月12日（日） | 10:00 | 不 | |
| | 学校説明会 | 11月18日（土） | 9:30 | 要 | |
| | スクールツアー | 11月29日（水） | 16:00 | 要 | ４～６年生 |
| | 入試問題解説講座 | 12月９日（土） | 9:00 | 要 | 受験生（６年生） |
| | 学校説明会 | 12月９日（土） | 9:30 | 要 | |
| | スクールツアー | 12月13日（水） | 16:00 | 要 | ４～６年生 |
| | 入試問題解説講座 | １月13日（土） | 9:00 | 要 | 受験生（６年生） |
| | 学校説明会 | １月13日（土） | 9:30 | 要 | |
| | スクールツアー | １月17日（水） | 16:00 | 要 | ４～６年生 |
| ◎明治学院 | 学校説明会 | 11月15日（水） | 11:00 | 要 | |
| | | 12月９日（土） | 14:00 | 要 | |
| | クリスマスの集い | 12月20日（水） | 15:00 | 不 | |
| | 学校説明会 | １月13日（土） | 14:00 | 要 | |
| | ハンドベル定期演奏会 | １月26日（金） | 19:00 | 不 | |
| ●明治大学付属中野 | 学校説明会 | 11月11日（土） | 9:20 | 要 | |
| | | 11月11日（土） | 14:00 | 要 | |
| ◎明治大学付属中野八王子 | オープンスクール | 11月25日（土） | 10:50 | 不 | |
| | 学校説明会 | 12月２日（土） | 14:30 | 不 | |
| | 中・高入試個別質問会 | １月13日（土） | 14:30 | 不 | |
| ◎明治大学付属明治 | 学校説明会 | 11月11日（土） | 10:30 | 不 | |
| | | 11月11日（土） | 14:00 | 不 | |
| | 6年生対象入試対策説明会 | 12月２日（土） | 10:00 | 要 | ６年生 |
| | | 12月２日（土） | 14:00 | 要 | ６年生 |
| ◎明星 | 学校説明会 | 12月３日（日） | 10:30 | 要 | |
| | MGS模擬試験解説授業 | 12月３日（日） | 10:30 | 要 | 受験生 |
| | 学校説明会 | １月13日（土） | 14:00 | 要 | |
| | 面接リハーサル | １月13日（土） | 14:00 | 要 | 受験生 |
| ●明法 | GE体験・英会話体験・説明会 | 11月12日（日） | 13:30 | 要 | 5、6年生 |
| | GE講座見学会 | 11月15日（水） | 13:30 | 要 | |
| | 授業見学会 | 11月18日（土） | 10:00 | 要 | |
| | | 11月25日（土） | 10:00 | 要 | |
| | 入試体験会 | 12月17日（日） | 9:00 | 要 | 6年生 |
| | 学校説明会 | １月13日（土） | 10:00 | 要 | |
| ◎目黒学院 | 学校説明会 | 11月19日（日） | 10:00 | 不 | |
| | 個別相談会 | 12月９日（土） | 9:00 | 不 | |
| | 学校説明会 | 12月17日（日） | 10:00 | 不 | |
| | 個別相談会 | １月13日（土） | 9:00 | 不 | |
| | 学校説明会 | １月14日（日） | 10:00 | 不 | |
| | 適性検査入試受験生への個別アドバイス | 1月中旬 | | | |
| ◎目白研心 | 生徒による説明会 | 11月18日（土） | 14:00 | 不 | |
| | 中学説明会 | 11月30日（木） | 10:30 | 不 | |
| | 入試体験会 | 12月16日（土） | 10:30 | 要 | |
| | 中学説明会 | １月13日（土） | 10:30 | 不 | |
| ◎森村学園 | 学校説明会 | 11月11日（土） | 14:30 | 要 | |
| | 入試問題解説会 | 12月９日（土） | 14:30 | 要 | ６年生 |
| | ミニ学校説明会 | １月６日（土） | 10:30 | 要 | ６年生 |
| ◎八雲学園 | 入試説明会 | 11月19日（日） | 10:00 | 要 | |
| | 英語祭 | 12月９日（土） | | 不 | |
| | 入試説明会 | 12月17日（日） | 10:00 | 不 | |

| 学校名 | 行事内容 | 開催日 | 開始時間 | 予約 | 備考 |
|---|---|---|---|---|---|
| 〇文教大学付属 | 学校説明会 | 12月２日（土） | 10:30 | 不 | |
| | 中学入試模擬体験 | 12月16日（土） | 14:00 | 要 | |
| | 中学入試問題対策説明会 | １月13日（土） | 13:30 | 要 | |
| | ミニ説明会 | １月20日（土） | 11:00 | 不 | |
| | 授業公開デー | １月27日（土） | 11:00 | 不 | |
| ◎法政大学 | 学校説明会 | 11月14日（火） | 10:30 | 要 | |
| | 直前対策講習会 | 12月９日（土） | 8:30 | 要 | 受験生（６年生） |
| | 施設見学会 | 12月23日（土） | 10:00 | 要 | |
| | | 12月23日（土） | 13:00 | 要 | |
| | | 12月23日（土） | 15:00 | 要 | |
| | | １月６日（土） | 10:00 | 要 | |
| | | １月６日（土） | 13:00 | 要 | |
| | | １月６日（土） | 15:00 | 要 | |
| ◎法政大学第二 | 学校説明会 | 11月18日（土） | 14:00 | 要 | |
| ◎宝仙学園共学部理数インター | 中学説明会 | 11月11日（土） | 10:30 | 要 | |
| | 公開授業 | 11月18日（土） | 9:30 | 要 | |
| | 中学説明会 | 12月９日（土） | 14:30 | 要 | |
| | | １月６日（土） | 10:30 | 要 | |
| | | １月13日（土） | 14:30 | 要 | |
| | | １月20日（土） | 10:30 | 要 | |
| ◎星野学園 | 入試説明会 | 11月19日（日） | 10:00 | 要 | |
| | | 12月10日（日） | 10:00 | 要 | |
| ●本郷 | 入試説明会 | 11月25日（土） | 14:00 | 不 | |
| | 親子見学会 | 12月23日（土） | 10:30 | 要 | 受験生 |
| | | 12月23日（土） | 14:00 | 要 | 受験生 |
| ◎本庄第一 | 学校説明会 | 11月11日（土） | 10:00 | 要 | |
| | 入試対策講座 | 11月11日（土） | 13:00 | 要 | ６年生 |
| | 学校説明会 | 11月25日（土） | 10:00 | 要 | |
| | 入試対策講座 | 11月25日（土） | 13:00 | 要 | ６年生 |
| | 学校説明会 | 12月２日（土） | 10:00 | 要 | |
| | イブニング学校説明会 | 12月６日（水） | 18:00 | 要 | |
| | 入試対策講座 | 12月９日（土） | 10:00 | 要 | ６年生 |
| | | 12月17日（日） | 10:00 | 要 | ６年生 |
| ◎本庄東高等学校附属 | 学校説明会 | 11月19日（日） | 9:30 | 要 | |
| | 受験相談会 | 12月９日（土） | 14:00 | 要 | ６年生 |
| | | 12月23日（土） | 9:30 | 要 | ６年生 |
| 〇聖園女学院 | 学校説明会 | 11月19日（日） | | 不 | |
| | 入試勉強会 | 11月19日（日） | 9:30 | 不 | 受験生（６年生） |
| | 体験入学 | 11月19日（日） | 9:30 | 不 | 受験生 |
| | 学校説明会 | 12月10日（日） | | 不 | |
| | 体験入学 | 12月10日（日） | 9:30 | 不 | 受験生 |
| | クリスマスキャロル | 12月15日（金） | 14:00 | 不 | 藤沢市民会館大ホール |
| | クリスマスタブロ | 12月16日（土） | 14:00 | 要 | |
| | 授業見学会 | １月19日（金） | | 要 | ６年生 |
| ◎三田国際学園 | 入試傾向説明会 | 11月18日（土） | 10:00 | 要 | |
| | | 12月16日（土） | 10:00 | 要 | |
| 〇緑ヶ丘女子 | ジュニアカルチャークラス | 11月11日（土） | 9:30 | 要 | 受験生 |
| | ジュニアイングリッシュ | 11月18日（土） | 9:30 | 要 | 受験生（３～６年生） |
| | 入試説明会 | 12月２日（土） | 10:00 | 不 | |
| | ジュニアイングリッシュ | 12月16日（土） | 9:30 | 要 | 受験生（３～６年生） |
| | 入試説明会 | １月14日（日） | 10:00 | 不 | |
| | ジュニアイングリッシュ | １月27日（土） | 9:30 | 要 | 受験生（３～６年生） |
| ◎明星学園 | 入試対策説明会 | 11月18日（土） | 14:00 | 要 | |
| | 公開研究会（授業公開） | 11月25日（土） | | 要 | |
| | 入試対策説明会 | 12月23日（土） | 10:00 | 要 | |
| | 入試直前ミニ個別相談会 | １月14日（日） | | 要 | |
| | 中3卒業研究発表会 | １月20日（土） | | | |
| 〇三輪田学園 | 校長と入試問題にチャレンジ | 11月11日（土） | 10:00 | 要 | 受験生（６年生） |
| | 学校説明会 | 11月18日（土） | 12:30 | 要 | |
| | 天文クラブ体験とイブニング説明会 | 11月25日（土） | 17:30 | 要 | |

| 学校名 | 行事内容 | 開催日 | 開始時間 | 予約 | 備考 |
|---|---|---|---|---|---|
| ○和洋九段女子 | 入試対策勉強会(社・理もしくは英語) | 11月11日(土) | 10:00 | 要 | 受験生(6年生) |
| | | 11月25日(土) | 10:00 | 要 | 受験生(6年生) |
| | 学校説明会(初めての方向け) | 12月2日(土) | 13:00 | 要 | 5、6年生 |
| | 入試説明会 | 12月2日(土) | 14:00 | 要 | 5、6年生 |
| | プレテスト | 12月17日(日) | 8:30 | 要 | 受験生(6年生) |
| | 入試説明会 | 1月13日(土) | 10:00 | 要 | 6年生 |
| | 学校説明会(初めての方向け) | 1月13日(土) | 11:10 | 要 | 6年生 |
| ○和洋国府台女子 | 学校説明会 | 11月11日(土) | 10:30 | 不 | |
| | 2科入試対策講座 | 11月11日(土) | 13:30 | 要 | |
| | 推薦入試対策講座 | 11月11日(土) | | 要 | 受験生 |
| | 学校説明会 | 12月9日(土) | 10:30 | 不 | |
| | 2科・4科入試対策講座 | 12月9日(土) | 13:30 | 要 | |
| | 一般入試対策講座 | 12月9日(土) | | 要 | 受験生 |
| | 学校説明会 | 1月6日(土) | | 不 | |
| ヤ ◎八雲学園 | 百人一首大会 | 12月19日(火) | | 不 | |
| | 入試説明会 | 1月7日(日) | 10:00 | 不 | |
| ◎安田学園 | 学校説明会 | 11月19日(日) | 9:30 | 不 | |
| | 入試体験 | 11月19日(日) | 9:30 | 要 | 受験生(6年生) |
| | 学校説明会 | 12月16日(土) | 14:30 | 不 | |
| | | 1月13日(土) | 14:30 | 不 | |
| ◎山手学院 | 学校説明会 | 11月18日(土) | 10:00 | 不 | |
| | 土曜ミニ説明会 | 12月9日(土) | 10:00 | 要 | |
| | | 1月13日(土) | 10:00 | 要 | |
| ○山脇学園 | 入試説明会・学校説明会 | 11月18日(土) | 9:00 | 要 | |
| | | 12月16日(土) | 9:00 | 要 | |
| | | 1月13日(土) | 9:00 | 要 | |
| ◎横須賀学院 | 合唱コンクール | 11月11日(土) | 10:00 | 要 | |
| | 学校説明会 | 11月25日(土) | 9:00 | 不 | |
| | 入試問題体験会 | 11月25日(土) | 9:00 | 要 | 受験生(6年生) |
| | 学校説明会 | 12月16日(土) | 10:30 | 不 | |
| | クリスマス・ページェント | 12月21日(木) | 10:30 | 要 | |
| | ナイト相談会 | 1月10日(水) | 19:00 | 不 | |
| | 土曜説明会 | 1月13日(土) | 10:00 | 要 | |
| | | 1月20日(土) | 10:00 | 要 | |
| | | 1月27日(土) | 10:00 | 要 | |
| ●横浜 | 入試問題体験会 | 12月9日(土) | 9:30 | 要 | 受験生(6年生) |
| | 学校説明会 | 12月9日(土) | 11:00 | 不 | |
| | | 1月14日(日) | 10:00 | 不 | |
| ○横浜女学院 | 学校説明会 | 11月11日(土) | 10:00 | 要 | |
| | | 12月16日(土) | 9:30 | 要 | |
| | | 1月13日(土) | 8:30 | 要 | |
| ◎横浜翠陵 | ミニ説明会 | 11月10日(金) | 10:00 | 要 | 保護者 |
| | 土曜授業見学会 | 11月18日(土) | 10:00 | 要 | |
| | 模擬入試+適性体験/入試問題傾向・対策 | 11月23日(木) | 9:30 | 要 | 6年生 |
| | 入試問題解説会(適性含) | 12月10日(日) | 9:30 | 要 | |
| | ミニ説明会 | 12月14日(木) | 10:00 | 要 | 保護者 |
| | 模擬入試+適性体験/入試問題傾向・対策 | 1月8日(月) | 9:30 | 要 | 6年生 |
| | ミニ説明会 | 1月19日(金) | 10:00 | 要 | 保護者 |
| ◎横浜創英 | 語学研修発表会+説明会 | 11月19日(日) | 10:00 | 要 | 5、6年生 |
| | 模擬入試 | 12月9日(土) | 9:00 | 要 | 6年生 |
| | 出題傾向説明会 | 1月7日(日) | 10:00 | 要 | |
| ◎横浜隼人 | ミニ説明会 | 11月20日(月) | 10:00 | 不 | |
| | 学校説明会 | 12月9日(土) | 14:00 | 要 | 6年生 |
| | | 1月13日(土) | 10:00 | 不 | |
| | ミニ説明会 | 1月20日(土) | 10:00 | 不 | |
| ○横浜富士見丘学園 | 学校説明会 | 11月17日(金) | 10:00 | 不 | 保護者 |
| | 入試対策会 | 12月10日(日) | 9:00 | 要 | |
| | プレ入試体験会 | 1月7日(日) | 9:00 | 要 | |
| | 学校説明会 | 1月9日(火) | 10:00 | 不 | 保護者 |
| ○横浜雙葉 | 土曜日学校案内 | 11月18日(土) | 9:00 | 要 | 6年生 |
| | | 11月18日(土) | 10:00 | 要 | 6年生 |
| | | 11月18日(土) | 11:00 | 要 | 6年生 |
| | | 12月9日(土) | 9:00 | 要 | 6年生 |
| | | 12月9日(土) | 10:00 | 要 | 6年生 |
| | | 12月9日(土) | 11:00 | 要 | 6年生 |
| ラ ●立教池袋 | 入試学校説明会 | 11月14日(火) | 14:30 | 不 | 保護者 |
| ○立教女学院 | 学校説明会 | 11月18日(土) | 13:00 | 要 | 5、6年生 |
| | クリスマス礼拝 | 12月16日(土) | 10:30 | 要 | 5、6年生 |
| ◎立正大学付属立正 | 学校説明会・入試問題解説会 | 12月10日(日) | 10:00 | 要 | |
| | | 1月13日(土) | 14:00 | 要 | |
| ◎麗澤 | 入試説明会「小6対象プログラム」 | 11月19日(日) | 10:00 | 要 | 6年生 |
| | | 11月19日(日) | 14:30 | 要 | 6年生 |
| | | 11月26日(日) | 10:00 | 要 | 6年生 |
| | ミニ入試説明会 | 12月10日(日) | 10:00 | 要 | |
| | | 1月8日(月) | 10:00 | 要 | |
| ワ ●早稲田大学高等学院 | 学習発表会 | 11月11日(土) | | | |
| | 学校説明会 | 11月19日(日) | 10:00 | 不 | |

## 学校説明会のチェックポイント

**①交通の便**

電車やバスの時刻表、乗り継ぎの良し悪し。

**②施設**

校舎や教室、図書館、自習室、体育館や武道館、部室、ロッカー、トイレ、更衣室、食堂の充実度。

**③校風**

教育理念・目標、生徒の面倒見はどうか。校則は厳しいのか、学力養成のほか生活指導も充実しているか。

**④在校生のようす**

活発か、あいさつのようす、先生との距離、持ち物や服装を観察。そんな生徒とわが子の相性は？

**⑤授業時間と教育内容**

日々の課題や予習の量、授業時間、始業・終業時刻、時間割、部活動の時間制限なども重要。

**⑥補習や土曜授業の有無**

補習の実際、土曜日の活用。大学受験時の進学対策の有無、そのときに通塾は必要か。

**⑦部活動や行事**

部活動に力を入れているか、興味のある部活動があるか、設備は充実しているか。学校行事では文化祭、体育祭のようすや修学旅行先（国内、海外、その費用）、合唱祭、鑑賞会などの規模と生徒の関わりなども。

**⑧卒業生の進路**

大学への合格者数、進学者数の実際。

## この表の見方

原則的に受験生と保護者対象のイベントを掲載しています。保護者または受験生のみが対象の場合はそれぞれ「保護者」「受験生」と記載しています。対象学年についての詳細は各中学校にご確認ください。

※日程や時間などは変更になる場合もあります。おでかけの際にはかならず各中学校にご確認ください。

※寮のある学校については、首都圏で開催の説明会のみ掲載しています。

データ提供：森上教育研究所

# 中学受験 合格アプローチ 2018年度入試用

## 入試直前 必勝ガイド

## あとがき

いよいよ入試が近づきました。まさに正念場のこの時期、保護者のみなさまにとっても胃の痛むような日々ではないでしょうか。

この本は、そんな保護者、受験生のために「入試直前期」にスポットをあてて編集されました。

これまで、一生懸命中学受験に向かって勉強に取り組んできた受験生を見守ってきたお父さま、お母さまなら、だれもが「合格」を手にしたいのは当たり前。神にも祈りたいといった心境でしょう。

でも、ほんとうの「ゴール」はもっとさきにあるはずです。

そのことに思いを馳せることができる保護者のかたは、お子さまにも余裕を持って接することができるでしょう。

あたたかい笑顔での言葉がけが、どんなにお子さまを勇気づけるかわかりません。これからの時期はお子さまに「安心感」を与えつづけることが大切です。どうか、家族みんながおおらかな気持ちで、肩を組んでゴールへと飛びこんでください。

「中学受験」をつうじて、お子さまにもご両親にも、すばらしい成果がもたらされることを願ってやみません。

『合格アプローチ編集部』




ご投稿・ご注文・お問合せは

**株式会社グローバル教育出版**

【所在地】〒101-0047
東京都千代田区内神田2-4-2 グローバルビル

【電話番号】03-3253-5944《合格しよう》(代)

【FAX番号】03-3253-5945

URL:http://www.g-ap.com
e-mail:gokaku@g-ap.com

合格アプローチ　2018年度入試用

**中学受験直前対策号**

**入試直前 必勝ガイド**

2017年11月10日初版第一刷発行

**定価：本体 1,000 円** + 税

●発行所／株式会社グローバル教育出版
〒101-0047 東京都千代田区内神田2-4-2 グローバルビル
電話 03-3253-5944(代)　FAX 03-3253-5945
http://www.g-ap.com　郵便振替 00140-8-36677